每周学一个易经故事

王建平 著

南方日报出版社
NANFANG DAILY PRESS
中国·广州

图书在版编目（CIP）数据

每周学一个易经故事 / 王建平著. -- 广州：南方日报出版社，2019.5（2019.11 重印）
ISBN 978-7-5491-1978-3

Ⅰ.①每… Ⅱ.①王… Ⅲ.①《周易》—通俗读物 Ⅳ.①B221-49

中国版本图书馆 CIP 数据核字（2019）第 026443 号

MEI ZHOU XUE YIGE YIJING GUSHI
每周学一个易经故事

著　　者：王建平
出版发行：南方日报出版社
地　　址：广州市广州大道中 289 号
出 版 人：周山丹
责任编辑：刘志一　郭海珊
封面设计：邓晓童
责任校对：王　燕
责任技编：王　兰
经　　销：全国新华书店
印　　刷：佛山市迎高彩印有限公司
开　　本：787mm×1092mm　1/16
印　　张：12.25
字　　数：182 千字
版　　次：2019 年 5 月第 1 版
印　　次：2019 年 11 月第 2 次印刷
定　　价：38.00 元

投稿热线：（020）87360640　读者热线：（020）87363865

前　言

我们伟大的祖国经历四十年的改革开放，已经迈进一个崭新的时代。要推动这个时代不断向前、更加强盛，需要优秀的传统文化来保障和支撑。民族文化基因是中国梦的魂与根，民族文化的崛起和复兴是实现民族崛起、复兴的先导。《易经》是中国传统文化的开山之作，是中华文化最古老的典籍之一，是中国古代最重要的哲学著作之一，它凝结着远古先民的睿智卓识。正如欧洲哲学权威、心理学家荣格所说：“谈到世界的唯一智慧宝典，首推中国的《易经》。在科学方面，我们所得到的定律常常是短命的，或被后来的事实推翻，唯独中国的《易经》相传六千年之久，亘古常新，依然具有价值，与最新的原子物理学有很多相同的地方。”《易经》对中国传统文化的影响巨大，历代儒家、道家、兵家、医家、农家、法家、杂家等无不将它的思想收纳于其理论思想之中。所以说，《易经》有极强的生命力，它是中华文化之根，是华夏文明之源。

从古至今，人们对《易经》的研究从未间断，对它的探索也从未停止。《易经》在文史学、哲学、自然科学、社会科学、预测学等方面所蕴藏的智慧和能量，促使人们对它进行了数千年的追随和探寻，形成了“百花齐放、百家争鸣”的局面。对源自《易经》的成语进行研究探讨，在《易经》研究中仅仅是一个细小的分支。然而，从这些成语的学习研究中，能进一步感受到《易经》的博大精深和无穷奥秘。

《易经》的思想已经渗透到中国人生活的方方面面，尽管很多人并未意识到这一点。孔子就说过，人们“日用而不知”。时至今日，我们还经常说某某人“阴阳怪气”，说某某人“又变卦了”，或者直接引用“自强不息”“厚德载物”之类的说法来作为激励或赞美之词，甚至在祝福时也道

“六六大顺”。其实，这些词语都源于《易经》，或与它有密切关系。

汉语成语体现出中国传统文化在社会生活中运用之广、入心入脑之深。《易经》对汉语成语的形成、发展、流传贡献巨大，影响之深远不可估量。本书试图将部分成语从它的源头——《易经》中采撷出来，进行探讨和阐述。

为了让初涉《易经》的读者能更好地理解和消化，本书分成两个部分。

第一部分是《易经》入门，简明扼要地介绍《易经》的基本内容，包括《易经》的起源、核心思想、结构系统等，以及就《易传》的形成、主要内容、发展过程等进行简略介绍。

第二部分是《易经》成语故事，是本书的重点。一般人认为《易经》文字生拗，晦涩难懂。为了让读者深入浅出地了解《易经》，读懂《易经》，本书精选了源自《易经》的五十个成语，组成了五十个探究奥秘、启迪人生的故事，每周读一个，用近一年的时间慢慢感悟它、消化它。

这些成语有的源自《易经》，有的出自《易传》。它们较集中地体现了《易经》的核心思想、主要原理和处世之道。本书深入浅出地对这些成语进行系统分析，发掘它的出处，归纳它的特点，发现它的规律，揭示它的现实指导意义，发挥它在我们生活、学习、工作等方面的启迪作用。其实，源自《易经》的成语远不止这些，而与《易经》有关的成语更是不胜枚举。然而，有的成语或长期不用，或流传不广，因此，这些成语不是本书重点探讨的对象。

成语叙说的顺序，基本遵循六十四卦的卦序，无更多其他意义。

本书中所称《易经》或《周易》是同一个概念。

本书在对《易经》与成语分析、阐述和释义时，尽可能讲得通俗易懂，使其更接地气，让那些对《易经》了解不多的朋友也能看得懂、弄得清，真正起到在《易经》中学成语、从成语中悟《易经》的作用。

王建平

2018年深秋于苏仙书屋

目 录

《易经》入门

《易经》成语故事

《易经》入门

一、《易经》简介

我们现在所称《周易》分为《经》和《传》两个部分，分别叫作《易经》和《易传》。也就是说，平时所说的《易》包括《经》和《传》，这两部分是《周易》不可分割的整体。通常把《易经》也说成《周易》。

1.《易经》的起源

一般认为，《易经》上历三古，人更三圣。上古时期的伏羲根据河图、洛书，制定了先天八卦，是《易经》最早的“作者”；中古时期文王拘而演《易》，周文王把伏羲的先天八卦演绎为后天八卦，并进一步推演出八八六十四卦，这是《易经》与八卦的又一次大发展；近古时期孔子通过《传》，创造性地发展了《经》的思想。《易传》是孔子及弟子共同完成的，其中一部分也包括后人根据儒家思想而作，它对《易经》进行了解释、说明和发挥。其主要在四个方面进行了拓展和升华：一是“以言者尚其辞”而归于文史易；二是“以动者尚其变”而归于哲学易；三是“以制器者尚其象”而归于科学易；四是“以卜筮者尚其占”而归于预测易。《易传》充实了《易经》的内容，丰富了《易经》的思想。可以这样说，因为有了《传》，《经》才更加完善，才更具思想性、科学性和权威性，使《经》和《传》成为《易》不可分割的整体。

孔子对《易经》的贡献主要有两点：一是把《易经》列为五经之一，从而使得《易经》引起更多人关注，并积极传授弟子；二是作《易传》来详细解释并创造性地发展《易经》。

从起源上看，《易经》最初是一本卜筮之书。卜筮可以推知过去，也可以遥测未来，但多被用来预测未来。《易经》之所以被称为经典，不仅在于它神奇的卜筮功能，还在于它具有深奥的哲理。上古时期，原始社会简单的劳动、经济社会简单的关系、科学技术简单的运用，使得通俗简单的感性知识也可以被用来进行思辨。在这样的背景下，一部总结天地运行之道，归纳人类发展规律，上知天，下知地，包含万事万物，充满深奥哲学思想又简单易懂的《易经》应运而生，成为人们顶礼膜拜的神书，它是人类少年时代的智慧结晶，是当时人类哲学研究的最高成果。

对“易”一字的解释，相当一部分学者认为，它包含三种意思：

一是简易：“易”虽然包罗万象，但有一个简化的公式或模式，一切事物和现象都可以装进这个模式里，用这个模式来说明。

二是变易：“易”是讲变化之道的，万物都在变化，变化非常复杂但有规律可循，《易经》就提供了一个寻找变化中的规律的理论。

三是不易：“易”虽讲变化，但大道是永恒的，变化之道是不变的，使人们能做到“以不变应万变”。

2.《易经》的核心思想

阴阳是《易经》的理论核心，它影响渗透到了中国传统文化的方方面面，对阴阳思想最形象的图示就是太极图。

阴阳的对立统一是《易经》的核心思想。阴阳学说认为，任何事物都包含着对立统一的两个方面，它们始终处于运动变化中，它们在变化中生成—更新—消亡—再造……由于阴阳之间发生交感，发生相互作用，发生对立制约，发生相互消长，发生相互转化，从而促进事物的变化，推动宇宙的运动。《易经》中每一卦的阳爻、阴爻便是阴阳思想的直接体现。

太极图

3.《易经》的结构系统

《易经》包含天地万物之理，却仅以阴、阳二爻构成，可谓“既古老，又时尚；既玄妙，又简单”。简单到像原始社会的一种符号，人们常说“易”为简易，确有其道理。由“爻”组成八卦，再由八卦演绎成六十四卦。

（1）什么是“爻”

爻（读yáo），是效仿天地变化的符号。爻有两种，即阳爻和阴爻，阳爻以“—”表示，阴爻以“--”表示。阴、阳二爻象征由太极衍生的阴、阳两仪。两个爻组合在一起，即象征两仪和合产生的四象，即少阳、少阴、太阳、太阴。

（2）什么是“卦”

卦的基本形式由阳爻或阴爻组成，三个爻即可构成一卦；三个爻变化组合形成八个卦画，称为八卦，代表天地之间的八种事物状态。八卦两两组合，构成了每个卦有六个爻的六十四卦。每卦六爻，六十四卦共为三百八十四爻，代表天下万事万物之象。

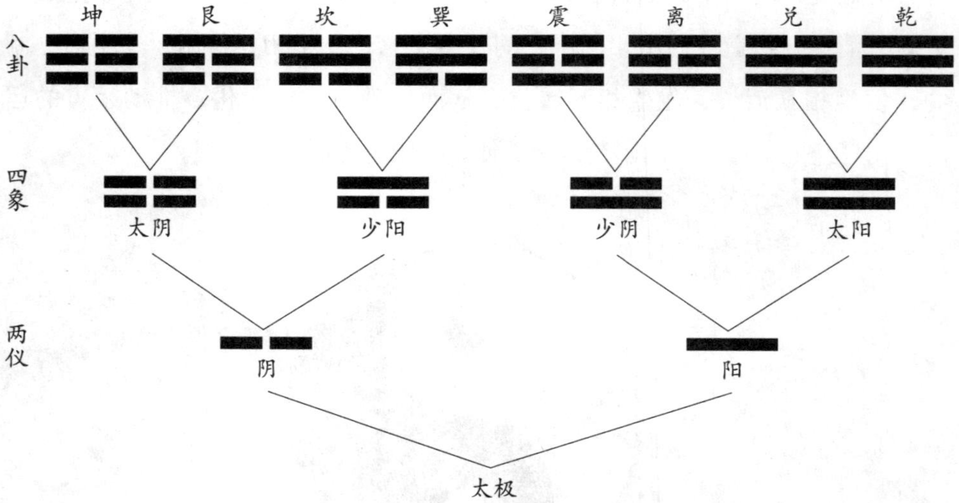

六十四卦卦画及卦名

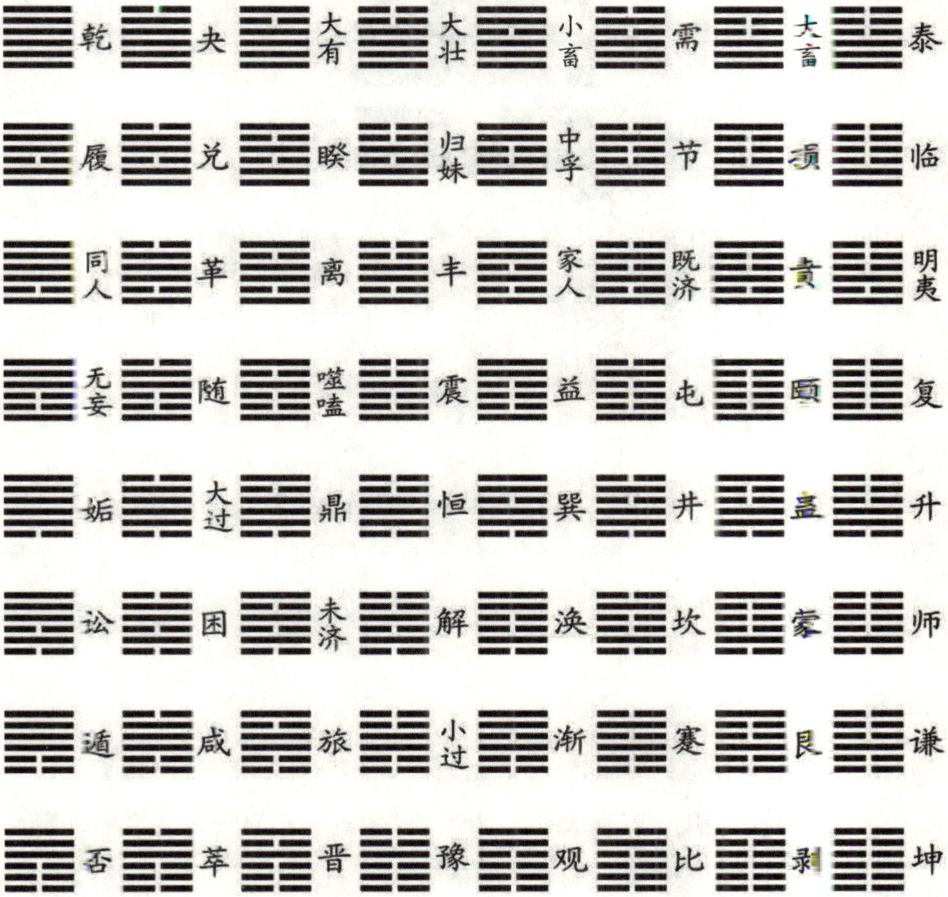

（3）如何称呼卦爻

对于每一卦来说，卦爻要从下往上数，依次为初爻、二爻、三爻、四爻、五爻和上爻。古人以“九”代表阳数，“六”代表阴数，因此又把阳爻称为初九、九二、九三、九四、九五、上九，可以理解为初阳、阳二、阳三……把阴爻称为初六、六二、六三、六四、六五、上六，可以理解为初阴、阴二、阴三……这样，通过爻的名称就可以知道其阴阳性质和它在一卦中的具体位置。

举例：泽雷随卦

由此可知，随卦有三个阳爻、三个阴爻，分别为初九、六二、六三、九四、九五、上六。

二、《易传》简介

《易传》有十篇著作，又称《十翼》，“翼”有附翼、辅佐之义。十篇著作分别是《彖》（上、下篇）、《象》（上、下篇）、《文言》、《系辞（上、下篇）、《说卦》、《序卦》和《杂卦》。

1.《彖》

彖（读tuàn），上半部与“豕”合在一起表示“半包边的猪嘴”，本义为包边、包括，引申义为总结、判断。“彖辞”指对一卦之义的判定。《彖》分上、下两部分，为《易传》中的两篇。

举例：雷天大壮卦

大壮卦的卦辞是“大壮：利贞”，意思是大壮卦，利于守正道。彖辞就解释为什么会利于守正道，是因为“大壮，大者壮也。刚以动，故壮。大壮‘利贞’，大者正也。正大而天地之情可见矣”。彖辞说：大壮，意即大者强壮。刚健盛长，故卦名为壮。大壮，之所以吉利，在于坚守正道。君子识正大之理，自然熟知天地万物的情形。

2.《象》

“象”，顾名思义，是指图像，卦爻也是一种图像，“象辞”就是根据卦爻的图像来解释卦爻大意的。分为《大象》《小象》。《大象》解释卦辞，主要从卦象来阐释社会伦理道德意义。《小象》解释爻辞，说明爻象或爻辞的意义。

举例：乾卦

乾卦六爻都是阳爻，按古人的理解，阳是天、君主、上位以及阳刚、雄健的象征，所以乾卦大象辞就说：“天行健，君子以自强不息。”而乾卦初九爻的小象辞就说：“潜龙勿用，阳在下也。”大象辞的意思是整个乾卦表示天道运行不已，君子和天道一样应当自强不息，以契合阳的特征；小象辞的意思是初九这一爻在下，表示龙暂时潜伏不动，君子应当和潜龙一样等待机会。

3.《文言》

专门用来解释乾、坤两卦，也就是说，只有乾、坤两卦有《文言》是依据乾、坤两卦卦爻之文，专释乾、坤两卦的义理。

如乾卦的《文言》一开头就根据卦辞“元亨利贞”解释说：“元者，善之长也；亨者，嘉之会也；利者，义之和也；贞者，事之干也。君子体仁足以长人，嘉会足以合礼，利物足以和义，贞固足以干事。君子行此四德者，故曰：乾，元亨利贞。”意思是说，元是善良心的始导，亨是好行为的集合，利是仁义和睦，贞是事业成功的根本，君子有了这四种德行，就可以契合乾卦之义。

而坤卦的《文言》则说“坤，至柔而动也刚，至静而德方，后得主而有常，含万物而化光。坤道其顺乎，承天而时行”等，就是说坤卦所体现的是至柔、至静，但又柔中有刚、静中有动，它顺天应时、化育万物，但又必须有阳为主才能有条不紊等。

为什么要就乾、坤两卦各自单独设置一个《文言》呢？因为乾、坤两卦是六十四卦的基础和领航之卦，无乾、坤两卦，《易经》便无从谈起，由此可看出这两卦多么重要。既然如此，那么必须看重这两卦，要给更高“待遇”，要充分地体现这两卦与其他六十二卦是多么不一样。另外，由于乾、坤两卦高屋建瓴、博大精深，故圣人既要对其表示无限崇敬，用专门的语言来文饰，为乾、坤两卦歌功颂德，也要把自己的心得体会借讲解这两卦说出来。基于上述两个主要原因，《文言》就产生了。

4.《系辞》

亦称《系辞传》，分为上、下两部分。“系”为系属之义。《系辞》是《易传》思想的主要代表作，它解释了卦辞、爻辞的意义及卦象爻位。《系辞》用取义、取象、取位、数学等方法，对《易经》进行了全面的解释，同时创造性地拓展了《易经》的含义，把它提升到文史易、哲学易、科学易和预测易的高度，为《易经》成为群经之首、传统文化之源打下了坚实的理论基础。

《系辞》中包含了人们日常运用、耳熟能详的词句，如“一阴一阳之谓道”“太极生两仪，两仪生四象，四象生八卦，八卦定吉凶，吉凶生大业”“仁者见仁，智者见智”“触类旁通”“穷则思变”“错综复杂”“殊途同归”等等。

5.《说卦》

亦称《说卦传》。其本为卜筮之书的一种，后人对其做了改编，加入了部分儒家思想的内容，被编入儒家经典文献《易传》。

《说卦》主要内容是记述八卦所象征之事物以及八卦的基本卦象，即“乾为天，坤为地，震为雷，巽为风，坎为水，离为火，艮为山，兑为泽”，这是八卦的原始卦象。《说卦》在八卦原始卦象的基础上进行了广泛引申，从人到动物，从微观到宏观，从具体到抽象，几乎涵盖了当时社会所经常接触到的事与物。如“乾为天、为君、为父、为王、为马……”“坤为地、为臣、为母、为布、为子母牛……”。

6.《序卦》

亦称《序卦传》。它说明《易经》六十四卦排列的次序，从天地万物说起，以“有天地，然后万物生焉。盈天地之间者，唯万物”来说明乾、坤两卦居于首位。然后以万物生长的过程、事物变化的因果关系及物极必反、相反的运动规律等解释其他各卦的相互关系，说明六十四卦排列的次序，以“物不可穷，故受之以未济焉”来解释最后一卦“未济”卦。借助已有的经传文字，或取卦象，或取卦义，以两卦为一组，用对立统一思想，试图将六十四卦建立起因果关系链。

7.《杂卦》

亦称《杂卦传》。它不按“六十四卦”之顺序，而把前五十六卦分为二十八组，两两为对解卦；另八卦则单独解卦，用一两个字解释其卦义和相互关系。由于不按顺序来加以解说，所以叫《杂卦》。《杂卦》与《序卦》互相补充印证，有重要的学术价值和现实指导作用。

三、“用九”“用六”简介

1.“用九”

乾卦特有之爻题。所谓“用九”是指阳爻皆用“九”来表示。

2. “用六”

坤卦特有之爻题。所谓“用六”是指阴爻皆用“六”来表示。

易经每卦一般只有六条爻辞，唯乾、坤两卦，由于一个是全阳卦，一个是全阴卦，所以除了正常爻辞外，另加一条爻题，分别称作“用九”与“用六”，作为六爻皆一的综合性应用指引。

“用九”和“用六”对乾、坤两卦有一个概括性的表述。乾卦用九：见群龙无首，吉。坤卦用六：利永贞。

四、《易经》对世界的影响

《易经》除了对中国传统文化产生巨大影响，许多外国人对它也赞赏有加，如日本明治维新时期的组阁原则是：“不知《易》者，不得入阁。”德国哲学家黑格尔（G. W. F. Hegel）称“《易经》包含着中国人的智慧”，在其自传中，黑格尔还承认他创造的正反合辩证逻辑定律得自《易经》的启发。

一些诺贝尔奖获得者也是受到易理的启示，才取得科学研究突破的。丹麦的玻尔（Bohr）教授，其论文是《相生相克原理》，他被授予爵士徽章，在选择徽章标志时，他选用了《易经》太极图，并在庆贺会上以太极八卦纪念章赠人；杨振宁、李政道的论文《不对等定律》也获得诺贝尔奖，他们自称这个发现得益于《易经》的启示。

此外，德国数学家莱布尼茨（Leibniz）发明二进制（后成为计算机的基础）得益于《易经》八卦的启示。在商业界，丰田、三星的创始人也从《易经》中受到很大启发。《易经》对生物学、社会学、天文学等现代科学的贡献早已被国内外科学界和文化界公认。可见，《易经》对世界的影响是何等广泛而深远！

《易经》成语故事

一 自强不息

自强不息——《周易·乾卦·象》曰：“天行健，君子以自强不息。”指自己不懈地努力向上。就是说，天的运行是刚健有力的，有远大志向的人应该自强不息。

乾卦

在六十四卦中，乾为纯阳之卦，坤为纯阴之卦，集中体现了阴阳哲学的基本原理，故称为“乾元”“坤元”。至于其他六十二卦，都是经过“乾元”“坤元”不同的排列组合派生而成的。

乾卦的卦象为天，天道的运行刚健有力。君子观此卦象，推天道以旺人事，接受自然法则的启示，把天道的刚健有力转化为自己的内在品德与精神特质，自强不息，奋发有为，积极进取，持之以恒。

《象》曰：“天行健，君子以自强不息。”天即乾，天行健即乾行健。先圣认为，天是宇宙间最为强健的，它的力量在宇宙中无物可替代。君不见，广袤无垠的天空蕴藏着无尽神秘的力量。自古以来，人们对天的神力无不推崇至极。你看，太阳每天从东方升起，从不因任何干扰而失约，催促着万物生长。热了它就刮风下雪，旱了它就打雷下雨，困了它就黑夜降临。它从不需休息，也不知疲倦，每天都保持一种最佳的状态，最高尚的自强不息品德，这就是“天”。这样一种对天的评价，明白无误地告诉人们：天，是最强的。

先圣在《象》中对“乾”的高度赞美之词已到极致，用近乎歌唱的形式来表达对它的敬意和崇拜。

《周易·乾·彖》：

大哉乾元，

万物资始，

乃统天。

云行雨施，

品物流形。

大明终始，

六位时成，

时乘六龙以御天。

乾道变化，

各正性命。

保合太和乃利贞，

首出庶物，

万国咸宁。

翻译成现代歌词就是：

乾，您是多么宏伟，

万物沐浴您的恩惠，

天体因您而巍巍。

您呼风唤雨，

滋润万物轮回。

太阳升落，

六方得以成规，

六龙应律腾飞。

天道变化无穷，

宇宙自有生息之轨。

天道促阴阳合和，

统万物回归，

万邦安慰。

天有这样无所不能的能力，那理所当然地要全部给予到乾的身上，乾就变成天的化身。

《周易·乾》："元亨利贞。"先圣对乾卦的评价，赞美之词溢于言表。元：万事万物的根本和创始；亨：顺利和通达无碍；利：祥和而无害，且有收获；贞：坚强和洁净纯正。这样一种描述，对乾卦的定义，也明白无误地告诉人们：乾是最好的，乾的能量是最大的。

先圣在创立八卦时，首先要确定的一个事情，就是谁来担纲，谁来当老大。有了前面分析定位的基础，把"乾"定为八卦的首卦就顺理成章。

自强不息包含两个层次的意思：一个是自强，另一个是不息。它告诫人们，要做到"自强"仅是第一步，重要的是"不息"。因此，能否既做到"自强"，又做到"不息"，是衡量真君子与假君子的重要标准。所谓"不息"，就是坚持不懈。做人做事能够持之以恒，有一种"咬定青山不放松"

的韧劲，永不放弃。这也是《周易》生生不息原理的应有之义。

自强不息，激励鼓舞多少国人努力向上，永不停息。

这样一个充满阳刚之气的词，有多少英雄豪杰、能人志士对它欣赏和崇拜。

（1）“卧薪尝胆”的典故，充分体现了自强不息的精神。越国被吴国打得大败，越王勾践成了吴国的俘虏，忍气吞声带着妻子等人在吴国伺候吴王，赢得吴王欢心和信任后，越王等被释放回国。回国后，越王决心洗刷自己在吴国当囚徒的耻辱。为了告诫自己不要忘记复仇雪恨，他每天睡在坚硬的木柴上，还在房门上吊一颗苦胆，吃饭和睡觉前都要品尝一下，就是让自己记住教训。除此之外，他还经常到民间视察民情，替百姓解决问题，让人民安居乐业，同时加强军队的训练。经过十年的艰苦奋斗，越国变得国富兵强，于是越王亲自率领军队进攻吴国，一举取得成功，最终获得胜利。吴王羞愧地在战败后自杀。后来，越国又乘胜进军中原，成为春秋末期的一大强国。

（2）民国时期，梁启超在清华大学任教时，曾给当时的清华学子做了《论君子》的演讲，他在演讲中希望清华学子们都能继承中华传统美德，并引用了《易经》中的“自强不息”“厚德载物”等话语来激励清华学子。此后，清华人便把“自强不息，厚德载物”八个字写进了清华校规，后来又逐渐演变成为清华校训。

（3）东汉时期，有个人名叫孙敬，是著名的政治家。他年轻时勤奋好学，经常关起门，独自一人不停地读书。每天从早读到晚，常常是废寝忘食。读书时间长，累了，还不休息。时间久了，疲倦得直打瞌睡。他怕影响自己读书，就想出了一个特别的办法。古时候，男子的头发很长。他就找一根绳子，一头牢牢地绑在房梁上，另一头则绑在头发上。当他读书疲劳时打盹了，头一低，绳子就会牵住头发，这样会把头皮扯痛，马上就清醒了，再继续读书学习。这就是孙敬“悬梁”的故事。

（4）战国时期，有一个人名叫苏秦，也是出名的政治家。在年轻时，由于学问不多不深，曾到好多地方做事，都不受重视。回家后，家人对他也很冷淡，瞧不起他。这对他的刺激很大。所以，他下定决心，发愤读书。他常常读书到深夜，很疲倦，常打盹，直想睡觉。他也想出了一个方法，准备一把锥子，一打瞌睡，就用锥子往自己的大腿上刺一下。这样，猛然间感到疼痛，使自己清醒过来，再坚持读书。这就是苏秦“刺股”的故事。

自强不息，激励鼓舞人们坚持不懈、意志坚强。

（1）德国音乐家贝多芬在失去聆听能力后发出“我要扼住命运的咽喉”的豪言壮语。他用《命运》之曲谱写了自己生命的辉煌，用不屈于命运的方式让全世界的人看见了一个伟大的身影，听到了一种强大的声音。

（2）德国诗人歌德在他的不朽名著《浮士德》中说：“凡是自强不息者，终能得救！”其实，世上真正的救世主不是别人，而是自己。对于自强不息、奋发向上者来说，身体的残疾不是障碍，人生历程中的挫折只当是一种考验，只要信心不垮，不退缩或消沉，保持良好的心态，就能战胜一切困难。

（3）张海迪5岁时因患脊髓血管瘤，高位截瘫。她因此没进过学校，童年起就开始以顽强的毅力自学知识，她先后自学了小学、中学和大学的专业课程。张海迪15岁时随父母下放聊城莘县一个贫穷的小村子，但她没有惧怕艰苦的生活，而是以乐观向上的精神奉献自己的青春。在那里她给村里小学的孩子们教书，并且克服种种困难学习医学知识，热心地为乡亲们针灸治病。在莘县期间，她无偿地为人们治病，有一万多人次，受到人们的热情赞誉，充分展示出自强不息的风采。

自强不息，激励鼓舞我们创造一个又一个奇迹。

改革开放四十年来，中国人民以不忘初心、自强不息的精神，创造了人类社会发展史上一个又一个奇迹。在长达四十年的时间里，中国经济平均增长速度达到9.5%，中国一跃成为世界第二大经济体、第一大货物贸易出口国和最大的制造业大国，七亿多人成功脱贫，人民生活水平极大改善，综合国力极大增强，国际地位显著提高。中国经济增长速度之快、持续时间之长、受益人口之众，史无前例，令世界瞩目。

二 厚德载物

厚德载物——《周易·坤卦·象》曰：“地势坤，君子以厚德载物。”现指道德高尚的人能够承担责任。君子看此卦象，取法于此，凭借高深的品德来担负重大的责任。

坤卦

在六十四卦中，“坤”为纯阴之卦，卦象为地。地道的运行厚实和顺，天地间有形的东西，没有比大地更厚道的了，也没有什么不是承载在大地上的。君子观此卦象，推地道以正德行，以厚德对待他人，以深厚的德泽育人利物。

古代中国人认为天地最大，它包容万物。对天地的理解是：天在上，地在下；天为阳，地为阴；天为金，地为土；天性刚，地性柔。认为天地合而万物生。没有天地便没有一切。天地就是宇宙，宇宙就是天地。这是古代中国人对宇宙的朴素唯物主义看法，也是中国人的宇宙观。

前面谈了“天”，现在就该说“地”了。《象》曰：“地势坤，君子以厚德载物。”如果说天是强健的，那么地就是柔顺的。坤象征着地，最大的特点就是宽厚、顺从、负重。你看，再高的山，它能承载；再大的海，它能容纳；再宽广的河流，它能托起；它默默养育着世间万物。地，从不去索取，更不去反逆，它以敦厚朴实的形象昭示于世间，深入于人心。

先圣在《象》中对坤的描述，已到了一个极致的高度，还觉得意犹未尽，因此又在《彖》中进一步发挥，用一般的文字似乎不达意，那同样只能以歌唱的形式来表现。

至哉坤元！
万物资生，
乃顺承天。
坤厚载物，
德合无疆。
含弘光大，
品物咸亨。
牝马地类，
行地无疆，
柔顺利贞。

将它翻译成现代歌词，就是这样：

坤，多么崇高伟大，
它滋养世间万物浩荡，

顺天道，托起生命的希望。

大地的敦厚，

承载德行无疆。

它默默深藏巨大能量，

促万物茁壮生长。

大地如母马，

德行厚顺无边，

品格既柔又刚。

用歌唱的形式来赞美“坤”，表达了先圣对“坤”的崇敬之情，也表明了“坤”的重要地位。

通过上述分析，天和地、乾和坤当之无愧成为八卦的领航导向之卦，也是六十四卦的基础和核心，离开这两卦，其他卦便成了无本之木、无源之水，完全不可能存在。

对坤卦进一步的探究，从《象》《用六》《文言》等当中的词语分析，明显地感觉到坤卦的理义对中国道德基础的影响是巨大的，对儒家学说的建立和形成的影响也是巨大的。“仁义礼智信”是中华传统文化的核心价值观，先圣在对坤卦释义、描述时，赋予了坤卦柔顺、宽容、德厚的形象，以至于我们后来接触到中华传统文化核心价值观时，深深感受到坤卦的思想贯穿在整个核心价值观。经过数千年的传承，这种核心价值观已经深入人心。

古人云：“是以泰山不让土壤，故能成其大；河海不择细流，故能就其深。”泰山因为不拒绝细小的土壤而成就了自己的巍峨，河海因为不拒绝细微的溪流而造就了自己的博大。自然界尚能如此，人更应拥有一颗宽容的心。有这样的一颗心，你就拥有了让你受益一生的无价之宝。

包容一件事情，能赢得一份尊重。

清朝康熙年间，有一个大臣名叫张英。一天张英收到家信，说家人为了三尺宽的宅基地，与邻居发生纠纷，要他用职权疏通关系，打赢这场官司。张英阅信后坦然一笑，挥笔写了封信，并附诗一首：一纸书来只为墙，让他三尺又何妨？万里长城今犹在，不见当年秦始皇。家人接到回信后，主动让出三尺宅基地。邻居得知，也相让三尺宅基地，结果成了六尺巷，一直保留至今。这个化干戈为玉帛的故事流传至今。这个故事颂扬了一种美德，象征着一种气度和胸襟，给人以启迪。

包容一种行为，能化解一个矛盾。

有个姑娘要开音乐会，在海报上说自己是李斯特的学生。演出前一天，李斯特出现在姑娘面前。姑娘惊恐万状，抽泣着说，冒称是出于生计，并请求宽恕。李斯特并没有责怪她，而是要她把演奏的曲子弹给他听，并加以指点，最后爽快地说："大胆地上台演奏，你现在已是我的学生了。你可以告诉剧场经理，晚会最后一个节目，由老师为学生演奏。"李斯特在音乐会上弹了最后一曲。

包容一次伤害，能收获一份回报。

楚庄王设酒宴赏赐他的群臣。天黑下来时，酒喝得兴致正浓，旁边伺候的人大多醉了，大殿上的蜡烛也灭了，这时有人在暗中拉扯皇后的衣服。皇后摸到了他的帽缨并揪了下来，对楚王说："这会蜡烛灭了，有人拉扯我的衣裳。我摸到他的帽缨并揪下来了，赶快叫人拿烛火来，看被揪了帽缨的是谁。"楚庄王说："是我让他们喝酒的，酒醉失礼是人之常情，我怎能为了妇人的贞洁而使臣子受辱呢？"马上发出令来："和我一起喝酒，不把帽缨揪下来，我就不高兴啦。"于是，群臣开怀畅饮，纷纷揪下自己的帽缨。没有一个人有帽缨了，也就不知道被皇后揪下帽缨的是谁了。这样，楚庄王继续与群臣欢乐饮酒，直到宴会结束。后来吴国兴兵攻打楚国，有一个人在战斗中常打头阵，五次冲锋打退敌人，取到敌方将军的头献给楚王。楚王感到奇怪而问他道："我对你并没有什么特殊的恩宠，你为何要这么卖命呢?"那人回答说："我就是早先在殿上被揪下帽缨的那个人啊。当时就应该受刑而死，至今愧疚很久了，没能有所报效。现在有幸能做一个臣子理应做的事，还可以为您战胜吴国而使楚国强大。"

包容一种流言，能创造一片和谐。

曾经有一个高僧，人称"白隐禅师"。他所在的镇上有一个少女未婚先孕，在家人的逼问下，少女一口咬定孩子是白隐的。愤怒的家人把孩子扔给了白隐，小镇的居民一度议论纷纷，不知是真是假。

若是常人便会立即把孩子送回少女家中，即使真是孩子他爹也要一口咬定绝对不是，更何况那时候哪有什么DNA鉴定，这种事只有天知地知、你知我知了。那么白隐呢？

白隐只说了一句：“是这样啊。”平静如止水地留下了孩子。小镇上炸开了锅。

白隐啊白隐，你怎么如此糊涂！“人非圣贤，孰能无过”，即使佛家犯戒，只要紧闭金口，还是能修成正果的，何必如此诚实呢？更令人无法想象的是——

白隐并没有把孩子送人或遗弃，而是每天抱着孩子下山挨家挨户给孩子讨奶喝。人们都对他嗤之以鼻，说什么话的都有，但白隐仍旧平静如止水，细心地照料孩子。

这样看来，孩子确实是他的了。毕竟是亲骨肉，否则哪会如此无心，忍辱负重呢！

可事实并非如此。一年后，那少女终于受不了良心的煎熬，承认那孩子是她和一个渔夫所生的。小镇上再次炸开了锅。少女及其家人万分惭愧地去找白隐，少女抱回被养得白白胖胖的儿子，满心愧疚地哭着向白隐道歉。

原来是这么回事。白隐终于可以扬眉吐气，洗刷冤情了。此时不吹更待何时！他面隐忍美名，只要找几个写手，给点润笔费便可天下传言了，那些李四、老王、草把、败絮都纷纷立传出书，更何况如此的白隐啊！可是，白隐是什么人——

白隐看着万分愧疚的少女一家，依旧平静如止水，淡淡地说：“是这样啊。”没有指桑骂槐，没有追究法律责任。小镇也平静如止水。

背负恶名抚养惨遭遗弃的婴儿，心如止水原谅涉世未深的少女，面对带有偏见的势利人群，白隐用无言的行为和那一句淡而又淡的“是这样啊”完美诠释了“宽容”二字。

有时宽容要付出代价。白隐损失了一年的名誉，被维护的却是无价的。

天高行健，地厚载物。人生要像天那样高大刚毅而自强不息，又要像地那样厚重广阔而厚德载物。

三 潜龙勿用

潜龙勿用——《周易·乾卦》初九：“潜龙勿用。”《象》曰：“潜龙勿用，阳在下也。”现多指真正的人才被埋没，不能被重用。而《周易》所要表达的意思远不于此。

乾卦

《乾·文言》："子曰：'潜龙勿用。'何谓也？子曰：'龙德而隐者也。不易乎世，不成乎名，遯世无闷，不见是而无闷。乐则行之，忧则违之，确乎其不可拔，潜龙也。'"遯（读dùn），通"遁"。这段话的意思是潜隐的龙才能无法施展。这是为什么呢？孔子说：龙是有德才却隐藏起来的君子。不为世风所动，不为名利所累，避世而没有苦闷，不因言行得不到世人欣赏而烦恼。开心的事就去做，忧虑的事就回避，其高尚的品德是坚定不移的。

"潜龙勿用"的一个"潜"字，蕴含着深刻的道理和做人的智慧。人们不禁要问：已经是一条龙，为何还要潜隐？要潜到什么时候呢？潜隐的目的是什么呢？

首先，小龙须潜，蓄能聚力。龙之初，能量尚弱，需要潜躲起来补充能量。也就是说，即使一条龙也不能违背天意，该潜则潜，该隐则隐。当然，这种"潜"只是一种形象说法，并不是什么也不做，而是在处世过程中保持平常的心态，不要去追功逐利，不要锋芒毕露，也不要由于没有人赞赏而闷闷不乐。遇到高兴的事就开心去做，遇到违心的事就坚决不做。这个"潜"的过程，就是磨炼的过程，是从一条小龙成长为大龙、强龙的过程。

陈完，是春秋时陈国公族陈厉公之子，字敬仲，是战国时期田氏齐国的始祖。陈完生下来不久，有一个周太史经过陈国，陈厉公请周太史为儿子占一卦。周太史清心通神后用蓍草进行演算，占得观卦，并演变为否卦。《周易》说这一卦的爻辞"观国之光，利用宾于王"。深通易理的太史进行了阐述，认为这个孩子具有光大一个国家的运气，不过不在陈国本国，而有利于在异国他乡发展。陈完成年时，陈国的大夫懿氏想把女儿嫁给他，也进行了占卜，说他将在姜姓之国发展壮大，到第五代开始昌盛，地位及于三卿，到第八代就没有人能比得上了。陈完由于国内的动乱，真的投奔到姜姓的齐国。陈完经多年潜心学习，积蓄能量，声望不断提高，也真的在第五代时有实力来拉拢民心，控制齐国国政，结果在第八代时演出了一幕"田氏代齐"的历史剧。古代"田"与"陈"音义略同，陈完死后谥号为敬仲，他的后代改姓田。陈和田在古音里面都读"dien"，跟"殿"这个音类似。现在的闽南语里面仍然保留“dien”的古音，陈和田同音。陈完跑到齐国后改姓为同音的田，田氏收买人心，几代以后夺取了齐国的政权，田姓发扬光大。齐国被灭以后，很多田姓又改回陈姓，现在许多陈姓也是齐国田氏的后裔。

其次，久潜不露，深潜不怨。要做合格的潜龙，不是一件容易的事情。思想上要有久潜、深潜的准备，心要真正静下来，沉下身子，潜心修养。要排除外界的干扰，外面的世界很精彩，不能老想着世界那么大，早点去看看。要耐得住寂寞，顶得住诱惑。孟子说：“故天将降大任于斯人也，必先苦其心志，劳其筋骨，饿其体肤，空乏其身，行拂乱其所为，所以动心忍性，增益其所不能。人恒过，然后能改；困于心，衡于虑，而后作……”孟子的这段话说得很优美，很精彩，也很严厉。他的意思很明显，只有饱尝艰难困苦，受尽从筋骨到心志的折磨，才能成就事业，达到目标。

第三，潜而有备，伺机飞天。做潜龙，不是为潜而潜，而是为了变成一条飞龙。潜龙不是残龙、废龙，更不是死龙，而是将降大任于身的强龙。因此，除了要有一颗平常心，更要主动而为，有所作为。一是在“潜”中思，正确评估自己的能力，规划好自己发展的方向，分析研判将要面对的复杂局面，制定出客观、科学的对策；二是在“潜”中学，潜而不学，那是白潜，潜，是为了有更多时间来学习，不断地充实自己，达到将要成为飞龙的综合能力；三是在“潜”中行。这种提法看起来似乎有些矛盾，既然是“潜”，为何还要“行”？这种“行”可以叫作潜行，是在水下甚至是深水中的游动。《文言》也强调潜龙可以适当地“行之”“违之”，这是成为飞龙不可缺少的重要实践。通过各种能量的聚集，总有一天将会爆发，那一刻就是飞龙在天的壮丽景象。

潜龙，在默默无闻中进德修业，在默默静守中待天时之变，待飞龙在天。

孔子晚年的时候很喜欢读《易经》，他曾经对“潜龙勿用”一句很有感触，他觉得潜龙就是指那些像龙一样隐匿在世间的有德有才的人。

“潜龙勿用”也揭示了万物发展的一个规律：由低到高，由小到大，由弱到强，万物总是循序渐进的。人的价值与位置也是如此，我们在不同的人生阶段的表现都是无法逾越的。所以应当认清自己所处的位置，认清形势，像“潜伏”的龙那样，既然在低洼的田间不能发挥任何作用，就不要逞能，而要在默默无闻中进德修业，在静守中待天时之变，待从深渊中跃出，而一飞冲天。

很久以前，有一个“舜为潜龙耕历山”的故事。在尧治理天下的时候，相传人人安居乐业，家家孝慈礼敬，天下一派太平景象。

在历山这个地方，却住着一对出了名的坏夫妻。他们的本名是什么，人们都忘记了，只记得大家给他们起的别名：男的叫顽，女的叫嚚。就是顽固、顽劣、蛮横不讲理的意思。

这对夫妻生了两个孩子，大儿子名舜，小儿子名象。小儿子自小有种像种，和他老爸老妈一个样，狂妄无知，骄傲得很。顽、嚚把他当宝贝一样，溺爱之极。大儿子却跟他的父母一点儿也不像，自小为人忠厚诚实，受到邻里交口称赞。顽、嚚却处处给他白眼，不好的给舜吃，烂的给舜穿，还让舜住在不避风雨的破烂小屋中，舜却一点也不怨恨他的父母。

当舜还是年少的时候，顽、嚚就将舜叫到跟前，恶狠狠地说：“你该下地耕种啦。”舜每次都孝顺地答应。舜在耕地时，常常为自己得不到父母的爱心而发愁，经常责问自己有哪里没有做好，有时候竟仰天大哭起来。

乡里人都说，舜是不堪父母的虐待才痛哭的。舜却说，不是这样的，他哭的是怎么就不能让父母为他高兴起来。听了舜的话，人人都夸奖他，说他是个天下少见的大孝子。

后来，舜成为一代君王，尧舜时代也成为中华民族向往天下太平繁荣的象征。

四 夕惕若厉

夕惕若厉——《周易·乾卦》九三："君子终日乾乾，夕惕若厉，无咎。"原意为君子终日自强不息，每天晚上对自己进行深刻反省，保持警惕心，才不会给自己带来灾难。后多形容每时每刻都十分警惕。

九三

乾卦

乾卦为《周易》的首卦，六个阳爻，阳刚之气充满整卦，喻义是六条龙平地而起，直上云霄。几乎完美的这样一个卦，又是首卦，却在第三爻就提出了“夕惕若厉”的警示，颇为耐人寻味，不得不认真去思考和对待。

1.“夕惕若厉”意识对中国传统文化思想影响颇深

“夕惕若厉”的意识就是一种忧患意识、危机意识，它在中国人的头脑中烙上了深深的印记，以至于后来在许多成语和日常用语中都体现出这种印记。比如，“防患于未然”“有备无患”“害人之心不可有，防人之心不可无”“千里之堤，溃于蚁穴”“夜路走多了，总会遇见鬼”等。

而对忧患意识重要性的描写，莫过于“温水煮青蛙”的故事。有人做了这样一个实验，把一只青蛙冷不防扔进滚烫的油锅里，青蛙能出人意料地一跃而出，逃离险境。然后又把同一只青蛙放在逐渐加热的水锅里，这次它感到舒服惬意，以至于等到危险加剧时却欲跃乏力，最终葬身锅底。由这个实验我们可以看出，青蛙对眼前明显的危险反应敏感，对潜在的逐渐加剧的危险反应迟钝。其实人在这方面也是如此，正如孟子所说：“生于忧患，死于安乐。”

2.“夕惕若厉”是成功者永恒的法宝

俗话说：“打江山容易守江山难。”打江山时，不敢懈怠，面对的是你死我活的局面，失败就意味着灭亡，只能战胜一切对手去赢得胜利。而夺取天下后，环境突然改变了，一切都松弛下来了，很容易进入“温水煮青蛙”的状态。因此，要时刻保持高度警惕，才能立于不败之地。

国内一家知名的家电大型企业，当年市值突破3000亿元，居深市第一，有人问该企业董事长有何经验值得总结。他说：“《易经》里有句话叫作‘君子终日乾乾，夕惕若厉，无咎。’意思就是每天保持谦虚谨慎，保持高度的危机意识，就不会有麻烦和灾难。但只要能把创业精神、企业家精神更好地传承下去，我也相信我们是没有天花板的。实在地讲，企业家精神就是要不断去颠覆自己和否定自己，尤其是大企业。我经常在大会上讲危机感和危机意识。一个企业从上到下都保持‘夕惕若厉’的状态，就能在成功路上越走越好，越走越宽广。”

人生旅途中，逆境催人警醒，激人奋进，而安逸优越的环境却消磨人的意志，使人耽于安乐，尽享舒适，常常一事无成。有的人甚至在安逸之时沉溺酒色，自我毁灭。这与青蛙临难时的奋起一跃和温水中的卧以待毙是何其相似啊！

3.“夕惕若厉”不是终日无所事事

“终日乾乾”和“夕惕若厉”两者缺一不可。只懂得危险或破缺，不努力去改变，或消极被动地去应对，不敢去做任何事情，终日疑神疑鬼，只会平添烦恼，结果是一无所得、一事无成，灾祸还会提前到来。

“夕惕若厉”不仅提醒有危险，更要用“终日乾乾”来化解，时刻保持自强不息的状态，一刻也不松懈。《乾·文言》曰：“君子进德修业。忠信，所以进德也；修辞立其诚，所以居业也。知至至之，可与几也；知终终之，可与存义也。是故居上位而不骄，在下位而不忧，故乾乾因其时而惕，虽危无咎矣。”在这个阶段，孔子说，君子为增进德行而修治学业，忠诚信实，所以增进德行；修饰言辞以树立诚意，所以成就学业。知道所要达到的目标而努力争取，可与他讨论几微之事；知道终结而善于终止，可与他保持事物发展适宜状态。居上位而不骄傲，在下位而不忧愁。所以，勤奋进取因其时而戒惧，虽有危厉而无咎。

4. “夕惕若厉”是变强龙的良药

乾卦初九为潜龙，九二为现龙，九三为惕龙。从爻的发展看，龙刚出现在地平线上，几乎还未做任何事情，却紧接着提醒要小心一点。有的人可能认为，都已经成龙，到“九三”了，还要小心翼翼，未免有点小题大做、大惊小怪。然而先圣却不这么认为，好不容易前进到“九三”，要是松懈下来，忘乎所以，那就前功尽弃了。为了充分突出警告效果，索性把“九三”安一个“惕龙”的称呼，名字不太好听，但确能让你难以忘记。“九四”为跃龙，“九五”为飞龙，也就是在快成为跃龙、飞龙之前，及时来一点警示。因为“九三”之爻意味着处于既可大有作为而又极为险恶的环境，如果不引起重视，看不到凶险，根本无法上升到“九四”“九五”的高度，不可能成为强龙、飞龙。

对君王来说，要做到“夕惕若厉”却不是一件容易的事。你善意提醒君王小心谨慎、提高警惕，招来的可能是灾祸。

清朝名将年羹尧，在雍正初年政局不稳之时，历尽艰难，平定青海叛乱，为雍正立下汗马功劳。但是年羹尧不知收敛，功高震主，结党营私，引起朝野不满，更引起雍正皇帝的戒心。雍正三年（1725年）二月，日月合璧，五星连珠。年羹尧在贺疏中有“夕惕朝乾”一语。雍正帝大怒，斥责年羹尧有意颠倒。雍正皇帝在这里纯属找碴，鸡蛋里挑骨头，就是释放一个信号，年羹尧失宠了。在这种情况下，朝野群起而攻之。年羹尧被罗列九十二条大罪，处以极刑。

五 飞龙在天

飞龙在天——《周易·乾》九五曰：“飞龙在天，利见大人。”乾卦六爻皆以龙为象，一共六条龙，描述了龙在六个不同阶段所体现的六种状态。九五的爻象是“飞龙在天”，象征着这条龙经历了最初“潜”、其次“现”、再次“惕”、最后“跃”的四阶段，最终成为飞龙。

乾卦

飞龙，是到了最盛的一种状态，要风得风，要雨得雨，万物景仰，自由翱翔。

1. 成为飞龙的三个条件

第一，需要历经长期磨炼。从潜龙到飞龙可不是一蹴而就、轻而易举的事，几个磨炼的阶段一个都不能少。从潜龙开始成龙的历程，身居下位，时机未到，不可强行出头露面，不论多么清贫、苦闷，都要耐心地隐藏起来，潜心修炼。这个过程是异常艰苦的，非常人所能承受，只有具备了龙的品格，才能坚定自己的志向不动摇。到“现龙”的阶段，虽然不用再潜隐，仍须谨慎做人做事，防范冷枪暗箭。在“惕”的阶段，每天都要不断反省自己，保持高度警惕，一刻也不能松懈。在“跃”的阶段，即便可以跃起，可还是“跃在渊”更保险。几个阶段坚持下来，就能成为一条飞龙，如无这般毅力，那只能是一条虫。

第二，需要具备最高才德。潜隐是成为飞龙的重要基础，但不是为了潜隐而潜隐。潜隐的过程是修身养性的过程，是积蓄才德的过程。潜在下面，不是整天无所事事，而是不断充实自己，养精蓄锐，提升自己的才德。这种才德是要有成为龙的内涵，对他的要求比普通百姓更高，因为要成为自强不息的飞龙，需要有渊博的学识、敦厚的道德、卓越的领导能力。

第三，需要有能人辅佐。“飞龙在天，利见大人。”已经到了“九五之尊”，位高权重，可呼风唤雨，还要见“大人”吗？答案是肯定的。即便是飞龙，它的能量也是有限的，要治理好国家，要使天下安居乐业，一个人单打独斗是不可能实现的。俗语说：“一个篱笆三个桩，一个好汉三个帮。”这样的道理在成为飞龙之前兴许能明白，但到了“飞龙在天”的状态，要保持原来的心态，保持头脑清醒，是一件不容易的事。所以，能够听得进不同的意见，能够最大限度地发挥身旁人的聪明才智，才是飞龙所具备的品德和智慧。

2. 飞龙面临的三种考验

一是能否展示功德。在君王之位，是徒有其名还是有真才实学，是昏君还是明君，检验的唯一标准就是能否给百姓带来福祉。有功德，百姓就拥护爱戴，同时也向天下表明，本人是一个开明的君主，是一个有能力的君主，是一个值得你们信赖的君王。历史上出现过多位昏君，民不聊生，亡国丧命。如果不能吸取历史的教训，就很有可能重蹈覆辙。

乾隆即位之初，实行刚柔并济的政策，重视农桑、停止捐纳、平定叛乱等一系列活动充分体现了他的文治武功。乾隆向慕风雅，精于骑射，笔墨留于大江南北，并且是一个有名的文物收藏家。清宫书画大多是他收藏的，他在位期间编纂的《四库全书》共收书3503种，79,337卷，36,304册，其卷数是《永乐大典》的三倍，是我国古代思想文化遗产的总汇，但乾隆为人重奢靡，晚年时国库财用耗竭，并重用贪官和珅，以至农民起义在其晚年层出不穷，是清王朝从强盛走向衰败的标志。

二是能否保持尊位。每一位君王几乎都在想两件事，如何长生不老，如何永保皇位。愿望与现实有时差得太远，况且自然规律不可违。尽管如此，能在“九五之尊”的位置上停留得更久一点，那是历代君王毕生所追求的目标。如何保住尊位，对君王来说是能力的检验和智慧的考验，因为离变为亢龙就是一步之遥。

三是能否坚持修炼。已经成为飞龙，还要不要修炼？如何修炼？作为君王，这是一个不得不去思考的大问题。有的人在“潜龙”“见龙”“惕龙”和“跃龙”阶段很注重修身养性、坚守正道；而一旦成为飞龙，便忘乎所以，以为天下归己，可以为所欲为，最终家破国亡、遗臭万年。历史上有许多此类故事，充分说明不修德则难以为继，不守正则无道可走。

3. 飞龙追求的三种境界

一是自由翱翔。子曰：“同声相应，同气相求。水流湿，火就燥。云从龙，风从虎。”从乾卦的卦象来看，到了一个最佳匹配的时段，内外环境都相当适合龙在天空翱翔。飞龙的天性就是要自由，所以在辽阔的天空，舒展身躯自由自在地腾飞，无拘无束地盘旋，是一件多么惬意之事。引申开来，就是君王能够实现自己的抱负和理想，用自己的意志来治国理政，那是多么享受啊！

二是群龙无首。用九："见群龙无首，吉。"后来此句演变成一个常用的成语，并且不知出于何故，"群龙无首"成了一个贬义词。原文的意思就是"吉"，用意相当明确，龙都具有刚健之德，诸龙在天上自由翱翔，非常团结，非常自觉，非常默契，不需要每时每刻都去管束。可以想象一下，这样一个和谐、安宁的社会难道不是吉祥如意、幸福安康吗？

三是天下太平。成为飞龙的君王几乎都在追求天下太平，自己治理的国家平安无事，国富民强。要实现或达到这种境界不是件容易的事，即使是做到了国内稳、富、强，国外的威胁依然无法彻底消除和摆脱。只有做到国内外都稳定了，才可以说天下太平了。这种境界往往需要数代君王的努力，可谓任重道远。

六 九五之尊

九五之尊——《周易·乾卦》。九，《周易》中阳爻的代称。五，卦象中自下而上的第五位。乾卦第五位称作九五，是“飞龙在天”的征兆。后来就以“九五”比喻帝王的尊位。

乾卦

《周易》六十四卦的首卦为乾卦，乾者象征天，因此也就成了代表帝王的卦象。乾卦由六条阳爻组成，是极阳、极盛之相。从下往上数，第五爻称为九五，九代表此爻为阳爻，五为第五爻的意思。九五的爻辞就是“飞龙在天”，预示着龙到了一个最佳的状态，是最好的一爻，是帝王独享的一爻，成为帝王之相。这里的“九”本不是具体的数字，而是为判别数字阴阳属性的符号。后来人们把“九”和“五”作为具体的数字来运用，一来是为了契合代表帝王的“九五”爻；再者，“九”和“五”两个数字在外观形态及建筑学上也非常符合美学原则。天下闻名的天安门城楼，其城台设五个门洞，面阔九间，进深五间；故宫中许多建筑开间多为九间或五间。

据文献记载，清朝皇帝的龙袍上也绣九条金龙。然而从图像及实物看，前后相加只有八条金龙，与文字对照尚缺一条。有人认为还有一条就是皇帝本身。其实这条龙纹被绣织在衣襟里面，一般不易被看到。这样，每件龙袍的实际绣龙数仍为九条，而从正面或背面单独看时，所见都是五条（两肩之龙前后都能看到），与九五之数正好吻合。

在中国古人的观念里，奇数为阳，偶数为阴，而奇数里最大的数字是“九”。《周易·乾·文言》曰：“乾元用九，乃见天则。”

古人把“九”当成天的象征，因此有“九天”“九重天”“九霄”之说，紫禁城被称为“宫阙九重”，宫廷器物也多以“九”名之，如九龙杯、九龙壁、九桃壶等。

“五”在阳数中处于居中的位置，有调和之意，说明“五”是代表阴阳平衡的数字，而后人衍化出更多的“五”之数，如五行、五方、五色、五谷、五味、五音、五常、五经、五岳等。

五行——木、火、土、金、水；

五方——东、南、中、西、北；

五色——青、赤、黄、白、黑；

五谷——稻、黍、稷、麦、菽；

五味——酸、苦、甘、辛、咸；

五音——角、徵、宫、商、羽；

五常——仁、义、礼、智、信；

五经——《易》《尚书》《诗》《礼》《春秋》；

五岳——东岳泰山、南岳衡山、中岳嵩山、西岳华山、北岳恒山。

“九五之尊”一词的来由，还有一种解释——

古代把社会阶层分为六层，分别对应乾卦中的六个爻位：

初九：“百姓”之位；

九二：“大夫”之位；

九三：“大公”之位；

九四：“诸侯”之位；

九五：“天子”之位；

上九：“宗庙”之位。

达到“九五”这样尊贵的位置，是多少人梦寐以求的事，多少人为之拼搏奋斗，但最后在九五位置上腾飞的只是凤毛麟角。

“九五”这个位置看似风光无限，实则暗藏着危机。

九五爻再往上一爻就变成上九“亢龙有悔”，从“飞龙”到“亢龙”，从“尊位”到“悔位”，实际上仅一步之遥。没有到“九五”之位时，拼着命去争；一旦成为“飞龙”，离危险就不远了。

先看《文言》对《乾·九五》的描述：“九五曰：‘飞龙在天，利见大人。’何谓也？子曰：‘同声相应，同气相求。水流湿，火就燥。云从龙，风从虎。圣人作而万物睹。’”龙得到天时地利，飞上天空，互相应和，志同道合，圣人兴起，万物景仰。这是多么繁荣昌盛、天下太平的景象啊！然而，往上到上九爻，风云突变，变成一条“亢龙”，一下子从最好、最尊贵的位置，转到一个充满危机、会招致灾祸的位置。

从“飞龙”到“亢龙”的演变，启示人们在顺利的时候要保持高度警惕，要有强烈的忧患意识，才能应对复杂局面。

如何增强忧患意识，始终保持居安思危？在下面的故事中会有更深入的分析。

七 亢龙有悔

亢龙有悔——《周易·乾卦》上九："亢龙有悔。"《象》曰："亢龙有悔，盈不可久也。"亢，指盛极之过，意为身居高位之人要力戒骄傲自满，否则可能失败，后悔莫及。

上九

乾卦

“亢龙有悔”，一以贯之地强调了忧患意识。亢，为高傲、极度之意。现代人常以亢奋、亢进来形容某人情绪化或冒进的行为。龙，既是中华民族的传统图腾，也象征着国家的统治者——天子。《周易》反复强调物极必反，盈不可久也。即使是天子也不例外，也必须遵循自然规律，时刻保持警惕性。

“亢龙”有以下几个特征：

一是“盈不可久”。《象》曰：“亢龙有悔，盈不可久也。”乾为“盈”，“盈”，满也。“盈不可久也”，喻义是盈满的事物将会发生转化而不可长久保持现状。即便是天子，在做事的时候也不能做得太满，要留有余地，不要把事情做绝。天子都不能违背客观规律，平民百姓更是如此，我们在谋划事情或者在行动时都要适可而止。如果长期处于“盈”的状态，那将会走向反面，阳变阴，阴变阳，不可能长期保持在一个“满”的状态。

二是“贵而无位，高而无民”。《文言》：“上九曰：‘亢龙有悔。’何谓也？子曰：‘贵而无位，高而无民，贤人在下位而无辅，是以动而有悔也。’”亢龙已在上九，在最高位，这样一个位置，看似风光无限、权力无边，实则高处不胜寒。因为“上九”是阳爻上升到最高位，表示阳已达到极盛阶段，“亢龙”既孤单寂寞，又无依无靠，所以呈现出“无位”“无民”的状态。当然，所谓的“无位”“无民”仅仅是一种形象的说法，它在提醒“亢龙”正处于一种非常孤立的状态，不能轻举妄动。

三是“穷之灾也”。《文言》：“亢龙有悔，穷之灾也。”“上九”喻义是已到了尽头，显穷尽之态。君子唯一能做的就是应变，因为变是绝对的，不变是不可能的。在这样的情形下，必须审时度势，及时调整自己的思路，不但要知变，还要会变。要想方设法把“亢龙”变成“飞龙”，重新回到有利的位置，该退一步就得退，该舍一方就得舍，看似退，实为进，使自己立于不败之地。

高宗李治居高位而低调做人做事，从中我们可以看出他的仁者之风和厚道之处。高宗有一个乳母叫作卢氏，曾经是滑州总管杜才干的妻子，杜才干在唐太宗时期因犯谋反罪被诛杀，因此这位卢夫人就被收于宫中充当李治的乳母，李治即位以后，感念卢氏对自己的哺育之恩，分封其为燕国夫人，为一品诰命，恩宠无比。卢氏依恃高宗宠信，几次三番想为自己那位短命的丈夫杜才干翻案，大意是说自己的丈夫受人蒙蔽，是被冤屈致死的。高宗李治虽然很感恩，但是始终没有松口，并且对卢氏说，这是先朝之事，他怎么敢擅自变更先朝父皇的决断，最终也没有为卢氏所请翻案。这件事足以说明，高宗宠信归宠信，但在大事面前还是不糊涂的，坚持原则而不被妇人蛊惑失去理智。

中国历史上出现过许多亡国丧命的“亢龙”，其中殷纣王最为典型。殷纣王自以为居九五之尊，便忘乎所以，天天在皇宫中淫乐狂欢，把皇宫闹得乌烟瘴气。而整个国家的老百姓过着昏天黑地的日子，民不聊生，谁斗胆进谏，一律严惩。周武王在全国百姓的支持下，率领大军一举攻下都城，殷纣王被烧死在大火中，纣王贵为天子，却不明“泰极而否”之义，穷极贪欲，最后身败名裂，正是亢龙有悔的最好写照。

“亢龙有悔”的“悔”，令人颇为玩味。乾卦六爻均为阳，它的每一爻都描述龙的不同状态、不同变化，实际上是在讲君王的变化与发展。乾卦上九是卦中的最后一爻，已经到了极点，到了一个物极必反的关口，非一个“悔”字就能体现凶险，可又偏偏只用“悔”字来体现，这是什么原因呢？我们都知道，乾卦所描述的是龙，它所代表的是君王，对君王的前途命运的描述是不能置于死地的。而“悔”字恰如其分地表达了对君王之爱，又不失时机地敲响警钟，仿佛在苦口婆心地告诫和劝说君王：“圣上，您要小心啊！”因为“悔”所体现的是一种可控、可改、可救的状态，这种时候不能乱说乱动，绝对要低调做人做事，顺应自然，这样才能有位、有民，有贤人辅助，才能有国家。

八 群龙无首

群龙无首——《周易·乾卦·用九》：“见群龙无首，吉。”原意为群龙聚在一起，不知道谁是首领，都在自由地飞翔，这是非常吉祥的。后多比喻一群人中没有领头人的状态。

乾卦

《易经》每卦一般只有六条爻辞，唯乾、坤两卦，一个是全阳卦，一个是全阴卦，是领航导向之卦，所以除了正常爻辞外，各另加一条爻辞，分别称作“用九”与“用六”，作为六爻皆一的综合性应用指引。

为何“群龙无首”不是凶，反是吉？其实《周易》用九所说的意思是乾卦六爻皆龙居之位，故称“群龙”，又称“六龙”。群龙不断出现，比喻德才兼备之人层出不穷。“群龙无首”是指群龙都不当首领或都不以首领自居。群龙不断涌现，看不到边际，比喻阳刚之气与宇宙永存。群龙在自由自在地飞翔，每条龙都在充分发挥各自的作用，相互帮助，精诚合作，没有外争内斗，一派吉祥如意之势，难道还不是吉吗？

回顾历史和放眼现实，似乎有这样一个道理，一群乌合之众，最好有一个首领，而对群龙而言，如刻意出现龙首，则会打破原有的平衡，不能做到和平共处。其实，群龙无首的“无”，在这里表达的是一种意境。表面上看不见、感觉不到“首”的存在，而实际上龙首在施展内功，在运用无形的能量场掌控大局，运筹于帷幄之中。此意足见“群龙无首，吉”一句充满哲理和智慧。

群龙无首，本吉，但后来成了一个近乎贬义的词，这实际上是望字生义，产生了与原意截然相反的意思。既然是这样，那只有变为约定俗成的黑色幽默。

“群龙无首”一词给人们提出了许多思考，其中有三点启示很重要：

其一，人生每个阶段都需要调整。乾卦的每一爻都是一条龙，从“初九”到“上九”，每一爻的爻辞都有调整的意思。人的一生，面对不同的年龄阶段、不同的社会环境，要及时调整自己的心理状态、精神状态、工作状态、生活状态等。该省力时不能发力，该发力时要果断出击，做到审时度势，顺势而为，这样才能成为一条自由翱翔的飞龙。

其二，团队合作至关重要。每一条龙都很优秀，都很愉快地在自由飞翔，它的前提是大家都能密切配合，各司其职，各负其责。作为一个团队，特别是优秀的团队，除了每个人具备高素质，更为关键的是团结。团结就是力量，团结就能产生效益，更能成就事业。如果内部争斗不断，个个争强好胜，那将是一盘散沙，一事无成。

从前，有两个饥饿的人得到了一位长者的恩赐：一根鱼竿和一篓鲜活硕大的鱼。其中，一个人要了一篓鱼，另一个人要了一根鱼竿，于是他们分道扬镳了。得到鱼的人原地就用干柴搭起篝火煮起了鱼，他狼吞虎咽，还没有品出鱼的肉香，转瞬间，连鱼带汤就被他吃了个精光，不久，他便饿死在空空的鱼篓旁。

另一个人则提着鱼竿继续忍饥挨饿，一步步艰难地向海边走去，可当他看见不远处那片蔚蓝色的海洋时，他浑身的最后一点力气也使完了，他也只能眼巴巴地带着无尽的遗憾撒手人间。

把上述故事改写一下，结局将完全不一样。有两个饥饿的人，他们同样得到长者恩赐的一根鱼竿和一篓鱼。只是他们并没有各奔东西，而是商定共同去寻找大海，他俩每次只煮一条鱼，他们经过遥远的跋涉，来到了海边。从此，两人开始了捕鱼为生的日子，几年后，他们盖起了房子，有了各自的家庭，有了自己建造的渔船，过上了幸福安康的生活。

一个人只顾着眼前的利益，单打独斗，得到的终将是短暂的欢愉，只有与他人团结一起，共同奋斗，才能实现理想。有时候，一个简单的道理就足以给人意味深长的生命启示。

其三，领导者起决定作用。《周易》有六十四卦，而能出现六条龙的卦象，唯乾卦是也。正因为这样，人们在大多数情况下是需要领导者的。纵观历史，每一次重要转折，都有一个重要人物出现；每一次社会向前发展，都会有一个领导者举旗引航，走在最前面。大到历史发展，小到一个企业、一个团队都是同一个道理。也正因如此，人们把群龙无首看得那么重要，甚至不顾原意，反转而用，把它变成一个真正的贬义词。从贬义词的角度来看，所指的“群龙”实际不是真正的龙，而是一群乌合之众。

九 扭转乾坤

扭转乾坤——《周易》八卦中有乾、坤两卦，分别代表天和地。“扭转乾坤”这个成语的词面意思是把天地旋转过来。现比喻从根本上改变局面。

乾卦

坤卦

中国传统文化中的乾坤，从广义上看，它的含义更丰富，比如阴阳、上下、左右、高低、长短、大小、黑白等，不一而足。

《易经》中把对立统一的事物称为两仪，即阴、阳，乾坤亦属于此。古人认为："无阳则阴无以生，无阴则阳无以化。"阴、阳两者间存在着相互依存、相互制约、相互转化等关系。代表阳的事物如天、父、雄性、热、昼、表面、过去、破坏力、奇数等；代表阴的事物如地、母、雌性、寒、夜、里面、未来、包容力、偶数等。对人来说，意志为阳，躯体为阴；理智为阳，欲望为阴。对社会来说，大众为阳，小我为阴；公益为阳，私利为阴。

经过上面的分析，"扭转乾坤"一词至少有三方面意义：

其一，促使阴阳重新平衡。阴阳说在中医学中的地位十分重要，或者说是整个中医学的基础，在中医学中被广泛应用。它被用来解释人体生理现象及病理变化的规律。简单地说，阴指人体实质性的物质，如血液、泪水、鼻水、内分泌液等；阳指人体非实质性的物质，即身体的机能和气。阴阳协调，则身体健康；阴阳失调，则百病丛生。阴阳的理论使我们明白，孤阳不生，独阴不长，中医们用"扭转乾坤"的方法，通过中药调理，扭阴转阳，使阴阳达到平衡、相融状态，从而使人的身体祛病除疴，焕发生机。

其二，实现阴阳完全转换。《易经》中的阴阳论认为，阴阳是可以相互转化的，阴阳转换、天地交融，万事万物离不开正、反两面。不管先看到事情哪一面，到了阴阳转换的时候，就自然能看到另外一面。至于何时阴阳转换，则会遵循一定规律，比如季节变换、地点变换、人物变换等。或许有人会问：扭转乾坤，狭义来说其实是天与地的转换、颠倒，那么天与地真的能相互转换吗？回答是肯定的。举例来说明：数千年前，先圣虽然提出了阴阳互转的论断，提出了乾与坤的概念，但真正实现扭转乾坤、阴阳转换是几千年之后的事情。随着现代科技的迅猛发展，人类实现了登上月球的愿望，人站在月球上仰望天空，地球已变成天的一部分，月球变成地，整个乾坤彻底颠倒过来了。

其三，彻底改变被动局面。通过自身的努力，变被动为主动，从而立于不败之地，需要一种高超的智慧。

韩愈，唐代著名的文学家、政治家。小时候就成为孤儿，由他的嫂子抚养。他刻苦自学，年轻时就博览群书，在学问方面打下了坚实的基础。他35岁到京城，担任国子监博士，后来又被提升为刑部侍郎。当时佛教盛行，连唐宪宗也很崇尚佛教。他听说有所寺院，里面安放着佛祖释迦牟尼的一块遗骨，便准备兴师动众，把它迎进宫里礼拜。韩愈对此很反感，写了一篇《谏迎佛骨表》加以反对。其中提到，佛教传入中国后，帝王在位时间都不长；想拜佛求保佑的，结局必然是悲惨的。唐宪宗看了这道表，十分恼怒，认为韩愈不只是故意与自己作对，而且用历史来影射自己活不长。为此，要将韩愈处死，亏得宰相为他说情，才改为将他贬职到潮州任刺史。

唐朝中期，中央统治权力日益削弱。宪宗执政后，改革了前朝一些弊政，因此中央政权的统治有所加强。被贬到潮州的韩愈，针对这一情况，再次给宪宗上了《潮州刺史谢上表》，极力为宪宗歌功颂德，以便重新得到信任，回到朝廷工作。在这道表中，韩愈恭维宪宗是扭转乾坤的中兴之主，并且建议宪宗到泰山去“封禅”。封禅，是一种祭祀天地的大典。古人认为五岳中泰山最高，登到山顶筑坛祭天称“封”，在梁父山上辟基祭地叫“禅”。历史上有名的秦始皇和汉武帝曾举行过这种大典。韩愈这样建议，是把宪宗当作有杰出贡献的帝王。韩愈还在这道表中隐约地表示，希望宪宗也让他参加封禅的盛会，并说如果他不能参加这个千年难逢的盛会，将会终身遗憾。后来，宪宗把他调回京城，让他担任吏部侍郎。不难看出，韩愈不但恭维宪宗是扭转乾坤的中兴之主，还改变了自己的命运。

当然，阴阳转化过程看似简单，其实是一个复杂的过程。阴、阳双方发生转化的内在根据是阴阳的互藏互寓。阴中寓阳，阴才有向阳转化的可能性；阳中藏阴，阳才有向阴转化的可能性。事物和现象的阴阳属性是相比较而言的，说此事物或现象属阴，是说此事物或现象中的阴性成分占了较大比例，并非说其只含阴性成分而不含阳性成分；阳亦如此。

太极图（见下页图）是我们民族独有的文化遗产。太极图的结构：外形是一个圆圈，圈内有两条首尾相互拥抱姿态的阴阳鱼，黑色为阴，白色为阳。两条鱼各占一半空间，鱼的头部各有一个黑白相反的鱼眼，两条鱼的中间呈一个S形的曲线。这是一个具有典型特征的阴阳平衡图形。

太极图

阴阳之间是相互对称、相互依存和相互转化的状态。《易经》把世间的事物看成是对称、对立的统一体。

阴、阳是最高层次上的两极或对立，由阴阳对立而分化出许多对立：从静态上说，有刚与柔、仁与义、实与虚、尊与卑、贵与贱、贞与悔、内与外、上与下、前与后、来与往的对立，等等；从动态上说，有动与静、消与息、盈与亏、损与益的对立，等等。

以上种种对立的两极不是绝对分离的，它们之间的和合表现在阴阳互补之中，阳中有阴，阴中有阳，相互渗透而统一和合。事物的相互依存、渗透和转化，是事物得以存在的前提和条件。《易经》并不把吉凶绝对化，它认为越过了中正之道就会走向反面，向相反方向转化。也就是说，阴与阳、吉与凶，它们之间是可以转化的。认识《易经》物极必反的规律，不仅有重要的理论意义，也有重要的实践意义。

十 触类旁通

触类旁通——《周易·系辞上》：“引而伸之，触类而长之，天下之能事毕矣。”又《周易·乾·文言》：“六爻发挥，旁通情也。”触类，指接触某一事物；旁通，指互相贯通。指掌握了某一事物的规律，就能推知同类事物。

乾卦

显而易见，“触类旁通”是由“触类”及“旁通”二语组合而成。“触类”是从《周易·系辞上》“触类而长”中截取出来的，在这一句的前面，《周易·系辞上》就乾、坤两卦与数字的关系及运用进行了详细阐述，最后得出的策数象征宇宙万物之数。分析完神奇的数字规律后，紧接着提出“引而伸之，触类而长之，天下之能事毕矣”。数字经过复杂的神奇变化后，便成八卦，由此引申，碰到同类便扩展，天下可以做的事就全部囊括其中了。“旁通”二字则出自《周易·乾·文言》，六十四卦以乾卦为首，乾卦纯粹由六个刚健的阳爻组成，象征天是万物的根源。当乾卦六爻淋漓尽致地发挥其功能时，就能向旁伸张而通达万物性情，随不同的时机，驾驭着六龙，运行于天地之间，天下万物均沐浴着它的爱和福。“旁通”即从《周易·乾·文言》“旁通情也”截取出来。看了上述分析，有人可能已看出一个问题，或许要问：“触类”出自《周易·系辞上》，“旁通”出自《周易·乾·文言》，完全不在一个篇章内，更不在一句话里面，与其他成语的成因也迥然不同，是谁把这四个字浑然天成地结合在一起的呢？

南宋沙县主簿（相当于县政府秘书长）黎靖德在《朱子语类·学五·读诸经下》总和了“触类”“旁通”二者，同时提出：“看经传类书籍在某一点上深入透彻地弄明白，就可掌握一种知识而推知其他相关知识。”所以说是黎先生用融会贯通的方法将“触类”和“旁通”打造成了一个从古到今人们耳熟能详的成语。

对“引而伸之，触类而长之，天下之能事毕矣”及“六爻发展，旁通情也”两句进行深入研究，还会有一些新的感悟。在六十四卦中，乾卦是第一卦，代表的是天。天纯粹由阳气构成，因此“乾”象征纯粹的阳。在六十四卦中，乾卦是起主导作用的，虽然有坤卦与之配合，构成阴、阳两卦，但坤卦处于附从地位。

“触类”，包含更深的意义，它所指的就是乾卦六个阳爻不断发生变化，扩展成了八卦，即乾、坤、离、坎、震、兑、巽、艮。同类再进行扩展，形成了六十四卦，构成一个完整的体系。

“旁通”，更是把诸卦之间的关系讲得非常透彻。诸卦的变化，万变不离其宗，都与乾卦有密切的联系，是同血缘、一脉相承的关系。“情也”，一个“情”字就把六十四卦赋予了生命，赋予了情感。

历史上有一个著名的触类旁通的故事。公元前3世纪，在西西里岛，希罗王怀疑他的金匠在纯金中掺了白银来制造他的皇冠，因此要求数学家阿基米德设法弄清真相。阿基米德回家后，闭门谢客，冥思苦想，但百思不得其解。一天，当他进入浴池洗澡时，水从池中溢了出来。阿基米德听到那“哗哗哗”的流水声，灵感一下子冒了出来。他大声叫喊：“发现了，发现了！”

原来，阿基米德由澡盆溢水找到了解决皇冠问题的办法：相同物质泡在水里，溢出的水的体积应该相同。如果把皇冠放到水里，溢出的水的体积应该与相同质量的金块的体积相同，否则皇冠里肯定掺有杂质。阿基米德跑到皇宫后立即找来一盆水，又找来同样质量的一块黄金、一块白银，分两次泡进盆里，白银溢出的水比黄金溢出的水几乎要多一倍。然后他又把皇冠和金块分别泡进水盆里，皇冠溢出的水比金块多。显然，皇冠的质量不等于金块的质量，皇冠里肯定掺了杂质。在铁的事实面前，金匠不得不低头承认，皇冠里确实掺了白银。皇冠之谜终于解开了。

“触类旁通”所讲的是方法论，但愿每个人在学习和工作中都能做到举一反三、触类旁通。

在现实生活中，有这样一种人，他们头脑灵活，善于应变，但心思没有用在正道上，对歪门邪道一学即会，还能不断发挥，有过之而无不及，自认为很会触类旁通。这种人的做法是对“触类旁通”一词的曲解，完全偏离了《周易》的主张，也是对传统文化的亵渎，这显然不是我们所提倡的。

十二 六六大顺

六六大顺——《周易·坤卦》。坤卦有六个阴爻，“六”代表阴爻，坤为顺，六个阴爻就是“六六”，故称“六六大顺”。

坤卦

地势坤，君子以厚德载物。“坤”，顺也。我国地势西北高而东南低，水顺势而下，故“地势顺”。由此可见，坤卦的本质特点是坤顺乾、阴顺阳，因此，坤卦六爻实际上是一个坤顺乾、阴顺阳的发展过程。坤卦的每一步变化都反映着它顺乾、顺阳的发展程序。坤顺之道日臻完美，居高位却能固守柔顺之德，至上六则发展到极盛的地步，顺势为逆，坤顺乾变为坤敌乾乃至与乾战。

以上说法是人们将“顺”概括为坤的本质特点，坤顺乾，阴顺阳，最后到顺的极点就是大顺，把坤卦加进去，就为“六六大顺”。由此，也就说明了为什么不叫“七七大顺”“八八大顺”。

坤卦这种“顺”的特征，不是人们强加给它的，而是自觉地服从规律，尊重规律，按规律办事。

乾代表天道，坤代表地道。地道极为柔顺，运行却刚健有力。地道后于天道而运动，且这种运动是符合规律的。你看，天要打雷，地就把它化解掉；天要下雨，地就将它全部接纳；天要刮风，地就让植物摇摆着身姿；太阳出来，万物跟着生长；月亮出来，海潮伴随着起落。坤的这种胸怀和气度，不让你觉得它把柔顺做到极致吗?

然而，对“六六大顺”这一词的深入研究，还有另一种意义。坤卦上六爻原文：“龙战于野，其血玄黄。”《象》曰：“龙战于野，其道穷也。”意思是龙正在地面上争斗，血流成河。这本是大不顺的卦象，因为不顺，所以人们就说“六六大顺”来表达心中的期望。

对“六六大顺”的出处和含义还有另外几种说法：

其一，与中国传统文化中普遍运用的谐音现象有关。六的谐音是“陆”或“路”，六六大顺也就是“陆陆大顺”“路路大顺”。另外，“六六”在酒令中也有“六六大顺”的意思。在猜拳时，人们把猜“六”这个数唱成“六六顺”，也有人认为“六六”的谐音是“溜溜”，也就是顺溜的意思。在古代，“三”是代表无穷的数字，如“三生万物”；“六”作为三的倍数，也自然而然地具备了无限延伸的意义，“六六大顺”也就是多倍的顺利。

其二，“六六大顺”源自《左传》。《左传》曰：“君义，臣行，父慈，子孝，兄爱，弟敬，此数者累谓六顺也。”这说的是人与人之间的关系。放在现在来说，也就是与家人相处和睦，与社会中的人（上级、下属、朋友、同事等）相处融洽，就能够人缘顺，事业顺，家里家外全顺。“六顺”也代表着一种礼节、礼仪。

其三，与中国传统的习俗有关。在我国北方的一些地区，有“六月六，走麦罢”的俗语。因为六月六日的前后，小麦收割完毕，此时正是农闲阶段，也是探亲的好时机。所以，在六月六日这一天，女儿要回娘家，天气好的话，人们就会把衣服拿出来洗晒，意即“大红大绿”，所以“六六大顺”就意味着生活丰富美满。

总之，关于六六大顺的说法很多，但其核心意思都是祝愿他人或自己能够事事顺心，在各种关系上做到“和”与“仁”。如果我们坚持和传承中华优秀传统文化，重视仁义道德，以和为贵，顺应大势，以礼待人，以和处事，就一定能够六六大顺。

十二 括囊无咎

括囊无咎——《周易·坤卦》六四："括囊，无咎无誉。"《象》曰："括囊无咎，慎不害也。"括，收来，扎紧。囊，布袋，口袋。意为有时要像封住袋子一样封住自己的嘴，不要乱说，尽管得不到赞誉，小心谨慎总没有什么坏处。现多指要谨言慎行，才不会言多必失、祸从口出。

六四

坤卦

括囊无咎，也称“括囊避咎”，这是一个有明显警示作用的成语。“六四”爻在坤卦中过于阴柔，属于比较危险的位置。爻辞告诫人们，有危险时，要收敛，要谨言慎行，这样才不会有灾祸，虽然得不到赞誉，却可避免危险。

恰到好处地括囊，又恰如其分地避咎，正确地理解“括囊无咎”，特别是在日常的待人接物中领会它的警示作用，显得尤为重要。

其一，祸从口出，话要慎重。人生来是要说话的，这也是人区别于其他动物的重要标志之一，人与人之间的语言交流是推动社会进步的重要手段。如果没有语言，这个世界根本无法想象，由此可见，语言在社会中是多么重要。但任何事物都有两面性，语言也有它的负面作用，比如“恶语伤人”“一言不合，拳脚相向”“出言不逊，引来灾祸”等，从而人们总结出“祸从口出”的教训。教训归教训，话还得说，只不过说话要慎重。如果为了片面防止祸从口出而缄口不言，那就是因噎废食，最终会得不偿失。况且，在现实生活中又有谁能做到完全不说话呢？所以，祸从口出也仅仅强调说话惹祸的一面，突出后果严重的一面，但话还是要说的，只不过要慎重。

其二，言多必失，话少为佳。前面讲的是凡说话都要小心，那么说什么、说多少是有讲究的。一般来说，每个人说话都是给别人听的，正常情况下很少有人天天对着自己说话。既然语言的功能主要是给别人听，就有一个哪些该说、哪些不该说的问题。“言多必失”，强调的是不要多说，特别是不能乱说。有的人喜欢说话，一有机会就张嘴，到处指手画脚，在不知不觉中得罪人；还有一种人是属于吹牛型的，神侃神吹，夸夸其谈，实属空谈，误事误国；另有一种人不分场合、不合时宜张口就说，结果引来灾祸。

历史上有一个因不慎言而父子先后被杀的悲惨故事。贺若弼是隋朝名将，他的父亲贺若敦因勇武刚烈而闻名，时任北周金州总管，因说话不注意被人抓住把柄而遭陷害。临刑时，贺若敦把贺若弼叫到跟前对他说：“我是因为不慎言而死，你不可不深思。”于是用锥子把贺若弼的舌头刺出了血，告诫他说话要谨慎。

贺若弼开始时还是能遵守父亲的训诫，但到建立了大功后，他就开始骄傲自满，慢慢忘记父亲要他谨言慎行的教诲，特别为自己不被重用、未能当上更大的官而感不平，溢于言表，因此被免去官职。皇上爱惜他曾有功，只是免官为庶民，一年多后恢复其爵位。而贺若弼并未吸取教训，经常发点牢骚，在背后议论皇上过失，被人奏明皇上，最终被杀。

其三，言中有巧，话有讲究。所谓“巧”，就是怎样说才能把话讲好。简单的括囊避咎只是一种低层次的自保行为。其实，人们要融入社会，要获得事业的成功，过分克制自己的情绪和言语是行不通的。把话说好要掌握四个要素，概括起来就是讲话的对象、场合、时间和内容。掌握了这四要素，就能够从被动的括囊避咎转向主动的解囊成事。从上述分析也不难看出，“括囊”是相对的，“解囊”是绝对的，并且两种方式的层次和目的是不一样的，“括”的目的是避咎，“解”的目的是成事。把说话的方式方法掌握好，就敢说，就能说，就不怕说，这样才能成就事业，大展宏图。

一时“括囊”了，是不是就不能与别人交流沟通了呢？答案是否定的。没话可说或不想说话，那就带上一双倾听的耳朵，也是了解别人的重要方式，更是与人交往的智慧。在现实生活中，有的人为了引人注意，总是不顾他人感受而滔滔不绝，以至占用大家交谈的大部分时间。这样的人是谈话高手吗？他能达到预期目的吗？答案是不能，因为他不懂倾听的礼节和重要性。

美国著名的人际关系学大师、教育学家戴尔·卡耐基（Dale Carnegie）告诉人们如何成为一个谈话高手，那就是学会倾听，鼓励别人多谈他自己的事。卡耐基举例说，一次他在纽约参加一个晚宴，碰到了一位优秀的植物学家。他从未跟植物学家谈过话，于是凝神静听，听其介绍外来植物和交配新产品的许多实验。午夜晚宴后，那位植物学家向主人极力恭维卡耐基，说他是“最能鼓舞人”的人，是个“最有趣的谈话高手”。卡耐基几乎没说几句话，他只是非常注意地听，由此可见听也是说话的一种方式，更是沟通融入的重要方式。

倾听的功能既做到了“括囊”，又赢得了“谈话高手”的美誉，这看似简单的一种方法，却把“括囊无咎”提升到一个新的境界。

十三 云行雨施

云行雨施——《周易·乾卦·文言》曰："乾元者，始而亨者也，利贞者，性情也。""云行雨施，天下平也。"现比喻广施恩泽，行善助人。

乾卦

先圣认为，天是最伟大、最无所不能的，它控制着万事万物，掌握着宇宙的运行规律。云行雨施，广施恩泽，行善助人是天最本质的特征。因此，《文言》曰："乾始能以美利利天下。"乾为天，只有天才能把美满的利益施予天下，而且从不提起它的恩德。

"六爻发挥，旁通情也。"一个"情"字，让人感受到温暖和爱抚。乾卦的六个阳爻，展示出它的热情、阳刚，注定要广施仁德，并且是完全可以做到的。需要引起重视的是在施德的过程中要体现"情"，既要阳刚又要温柔，既要广施又要细施，不会有选择地去行善，而是全覆盖，天有多大，善心就有多大。

先圣还认为，地是柔顺、宽厚的。在"天"的前面，"地"是处于从属、顺从的地位。坤象征地，乾在"六爻发挥，旁通情也"，坤是不会闲着的，定要全力配合、辅佐乾。在广施仁德的过程中，乾体现的是热情、阳刚，坤体现的是细致、温柔。

《周易·乾·文言》曰："君子体仁，足以长人。"只有君子亲身行善助人，广施仁德，才能一呼百应，成就大业。要施仁德，必先进德修业，进德就要从小事做起，决不能够以善小而不为，以恶小而为之。

清朝著名的军事家、政治家左宗棠很喜欢下围棋，且是个围棋高手，其下属均不是他的对手。有一次，左宗棠微服出征，看见有一茅舍，横梁上挂着匾额"天下第一棋手"。左宗棠不服，入内与茅舍主人连弈三盘。主人三盘皆输，左宗棠笑道："你可以将此匾额卸下了！"随后，左宗棠信心满满，兴高采烈地走了。没过多久，左宗棠打了胜仗，班师回朝，又路过此地，左宗棠又好奇地找到这间茅舍，看见"天下第一棋手"的匾额仍赫然高挂横梁上。左宗棠又入内，与主人再下三盘，这次，左宗棠三盘皆输。左宗棠大感诧异，问茅舍主人何故。主人答："上回，您有军务在身，要率兵打仗，我不能挫您的锐气。现今，您已战胜归来，我当然全力以赴，当仁不让啦！"左宗棠听后感叹道："这才是真正的高手！"

世间真正的高手，是能胜，而不一定要胜，有谦让别人的胸襟；能赢，而不一定赢，有善解人意的意愿。这就是施德行善、积善存诚的人道之意。

治理国家有多种方式，“云行雨施”的方式不失为最佳方法。君王真心实意地广施恩泽，百姓安居乐业，就不会出现内乱，政权就会稳固。即便发生外扰，也能迅速动员广大军民团结一心，抵御外敌，使得“天下平也”。

汉文帝在位24年，重德治，兴礼仪，爱民如子，注重发展农业，到了播种的时候，亲自带领大臣到乡下耕地、播种，调动了农民的积极性，使西汉社会稳定，人丁兴旺，经济得到恢复和发展。他身为皇帝，非常虚心，而且知错就改，在位期间，没有建新宫室，把省下的钱用来照顾孤儿和老人。他治国有方，是中国历史上一位贤明的皇帝，他与汉景帝的统治时期被誉为“文景之治”。

在他8岁时，高祖封他做代王，因为他是庶出的，母亲是薄姬，后来称薄太后。汉文帝很孝顺，薄太后曾经生病整整3个年头之久，汉文帝忧心忡忡，早晚侍奉，毫无倦怠，和颜悦色地安慰自己的母亲，用亲情为母亲解忧，把母亲照顾得非常周到。夜间睡觉的时候，衣不解带，每次端药都要亲自尝一尝后再给母亲喝，可见汉文帝的至孝之心！虽然贵为天下之尊，奴婢成群，但他都亲自侍候自己的母亲，以自身的仁孝治天下。

君王以“云行雨施”之法，达“天下平”之事，而作为芸芸众生，同样要以“云行雨施”来修身养性，用宽广的胸怀表现自己的刚性和真性情，用仁爱的情怀来展示自己的温柔，集小众的仁德累成大善，促进事业的成功、社会的和谐。

十四 否极泰来

否极泰来——《周易》否卦和泰卦。一般认为“否”为不好之卦，“泰”为好卦。《周易》认为否和泰是可以互相转化的。比喻好事坏事是可以转化的，坏事到了尽头可以变为好事。

否卦

十五 泰极而否

泰极而否——同样出自《周易》泰卦、否卦。比喻事物是相对的，好到了极点也可能会变成坏事，道理与“否极泰来”一词一样。

泰卦

上述两个成语道理差不多，放在一起来分析更为有利。否、泰两卦均为异卦相叠，两卦结构相反。否卦卦象显示，阳气上升，阴气下沉，互不相交，天地阻塞，因此卦名为否。泰卦卦象显示，阴气凝重而下沉，阳气清澈而上升，阴阳交错，万物纷纭，所以卦名为泰。

拿破仑帝国时期，英军的一个战败将军拖着疲惫的身体，躲进一个破旧的茅草屋里。他的军队被敌人打散，现在只有他一个人躺在地上，呆呆地望着屋顶。忽然，他发现一只蜘蛛在屋顶的一个角落里织网，风很大，这只蜘蛛费了很大劲才把两根蛛丝固定住，下面它开始进入最艰难的工作，编蜘蛛网。风太大了，每次网快结成时就被风吹破。一次，两次，三次……将军默默地数着，蜘蛛一共结了七次，也被风吹破了七次。将军自言自语：“你也是失败了七次。”当蜘蛛第八次织网时，将军说：“放弃吧，你已经尽力了。”但蜘蛛没有，蜘蛛再次仔细检查着力点，慢慢地将一根根蛛丝接起来，这一次它成功了。将军跳起来，大声说：“它可以成功，我也可以。”于是，将军整了整衣帽，走出茅草屋，重新召集被敌人打散的兵马，与敌人再次进行决斗，终于，他打败了对手，凯旋。他就是英军将军威灵顿。威灵顿在不久之后的滑铁卢战役最终打垮了拿破仑，取得了最后的胜利。他的形象出现在5英镑纸币上，他后来又担任了英国首相、陆军元帅。

厄运达到极点之后，就不可能出现再坏的情形，这也就预示着好运即将来临。所以，身处逆境时，心存希望，坚定信心，主动努力，终将会迎来美好的时刻。

有一对老两口，已经是风烛残年。当年他们也曾有过富足美满的生活。谁知道遭遇天灾人祸，运气又不济，老来竟落得无儿无女无田境地，万般无奈之下，他俩只好相互扶持着外出讨口饭吃。

讨饭吃的艰辛苦楚是完全可以想象的。受人白眼自不必说，年迈多病加上风吹日晒，两个人已经是衣衫褴褛，脚步踉跄。已经到年底，天又下起了大雪，一直下了三天三夜才慢慢停下来，饥寒交迫，老太和老头都觉得自己撑不下去了。

好在世态虽然凉薄，也还有热心肠的人。他们遇到的虽也是些穷苦人，但总有人省出一碗热饭、半块糕饼之类给老人充饥。眼看这一天是除夕了，黄昏时两人找到一处破庙，勉强安顿下来。庙里破破烂烂的，不过倒是可以挡住寒风。但两人还是瑟瑟发抖，只好依偎在一处，用彼此的身体取暖。天慢慢暗下来，老头在黑暗里长叹了一口气。老太就问："你怎么啦？"老头说："想想咱俩也没做过什么孽，没想到混到这般光景，以后该怎么办呢？"老太打断他说："叹什么气啊，往后我们的日子肯定是一天比一天好的。""你疯了吧？都这时候了还说这样的话？"老头有气无力地说。老太说："不是啊，你想想看，还有什么日子会比咱俩现在这样更差？当然只能更好啦！"

在极度困难的情况下，心态很重要。调整出一个好的心态，就能看到前途，迎来最后的转机。

否极泰来，虽然道路曲折，但前途光明。而泰极而否则恰恰相反，往往是乐极生悲的结局。这种事古往今来不胜枚举，值得人们吸取教训，做到警钟长鸣。

明末农民起义军领袖李自成，号称闯王，率军攻陷北京，推翻明朝建立大顺王朝，崇祯皇帝自缢身亡。江山得来如此容易，李闯王及麾下的一些大将们得意忘形，忘乎所以，以为天下大定，可以为所欲为了。他们纵容部下，骄奢淫逸，烧杀抢掠，败坏军纪，无所不为。结果从1644年3月19日到4月30日只"乐"了42天，多尔衮率八旗军与明总兵吴三桂合兵，在山海关内外会战李自成，李自成大败，大顺军先是退出北京，最后退到了九宫山，一代豪杰最终为地主武装所杀，落得个"乐极生悲"、兵败身亡的下场。

"泰"到了极点就要向"否"转化，延长"泰"的期限，更久保持"泰"的状态，是自古以来人们所追求的。保"泰"的关键是未雨绸缪，防患于未然。如果在兴旺期，在顺境时始终保持高度的警惕性和强烈的忧患意识，很多危险就会提前化解，"泰"状才有可能延续下去。

魏文王问名医扁鹊说："你们家兄弟三人都精于医术，到底哪一位最好呢？"扁鹊答说："长兄最好，中兄次之，我最差。"文王再问："那为什么你最出名呢？"

扁鹊答说：“我长兄治病，是治病于病情发作之前。由于一般人不知道他事先能铲除病因，因此他的名气无法传播出去，只有我们家的人知道。我中兄治病，是治病于病情初起之时。一般人以为他只能够治轻微的小病，所以他的名气只及于本乡里。而我扁鹊治病，是治病于病情严重之时。一般人都让我做在经脉上穿针管放血、在皮肤上敷药等大手术，所以以为我的医术高明，名气因此响遍全国。”

事后控制不如事中控制，事中控制不如事前控制。生病是每个人都要遇到的事情，在毫无知觉的情形下，迅速准确地铲除病因，就能最大限度地确保身体健康，延长寿命。如果到了身患绝症、病入膏肓的地步，那就为时已晚，只能寿终正寝，“泰”的状态就结束了。

《周易》中的乾、坤两卦，是“否极泰来”和“泰极而否”的源头，不仅因为乾坤相叠，而是乾、坤两卦的第六爻均说到极点时都会向相反的方向发展。《乾·上九》：“亢龙有悔。”《象》曰：“亢龙有悔，盈不可久也。”《乾·文言》曰：“贵而无位，高而无民，贤人在下位而无辅，是以动而有悔也。”《坤·上六》：“龙战于野，其血玄黄。”《象》曰：“龙战于野，其道穷也。”围绕对乾、坤两卦的分析描述，再一次提醒人们：事物的好坏是可以转化的，自始至终保持忧患意识方能化解风险、平稳向前。

十六 穷则思变

穷则思变——《周易·系辞下》："易穷则变，变则通，通则久。是以'自天佑之，吉无不利'。黄帝、尧、舜，垂衣裳而天下治，盖取诸《乾》《坤》。"现指人在困境中的时候，会想办法寻找出路，改变现状。

乾卦

坤卦

“变化”是《周易》的理论核心，变易理论贯穿《周易》全部内容。朱熹说：“变者化之渐，化者变之成。”“变”是渐变，是量变。“化”是变化的完成，是渐变的积累而发生的质变。

《系辞》中的“穷则变”与后人的“穷则思变”，虽有相通之处，但其中含义不尽相同。

我们先来看“穷则变”。这里的“穷”，不是贫穷的意思，而是穷尽、至极、到顶的意思，它与《周易》“否极泰来”“物极必反”等论断是一个意思。《周易》认为，广袤的宇宙中，世界万物无时不在变，变是绝对的，不变是相对的。特别是到了“穷尽”“至极”之时，“变”将随之而来，它不为人们的意志所左右，是宇宙中恒常、普遍的规律。

古希腊哲学家赫拉克利特（Heraclitus）说：“一个人不能两次踏进同一条河流。”因为第二次走进的那条河，已经不是第一次走入的那条河，河水已经发生变化了。世间所有事物每时每刻都在发生变化，没有恒常不变的事物，而这种变化不是简单的循环，更不是简单的否定之否定，这种变化是推动事物向前发展的过程，是新事物不断取代旧事物的过程，是新陈代谢的过程。有了这种变化，世界才能生机勃勃，社会才能前进。

当然，我们所说的“变”，不是微观世界的“变”，而是一个宏观世界的变化过程，是质的变化。这就是《周易·系辞下》所说的“穷则变”，是事物到了一种“穷尽”状态下所发生的实质变化。已经“到头”了，走不通了，那只有“变”，也肯定会变。由此，圣人才总结出“穷则变，变则通，通则久”的道理。

再来看“穷则思变”。这是对先圣“穷则变”的一种补充或创新。一个“思”字，体现出人们对客观规律运用的智慧和创造力。既然“穷”会“变”，为什么还要“思”呢？这里的“思”，不是想着变，盼着变，等着变，而是主动求变。在困境中如何找到出路，改变现状？有许多的方法，如等待别人来救援、碰到有利于自己的突发性事件、自己想办法等。主动求变就不再是被动等变，而是创造条件让“变”向着有利于自己的一面去发展，这种“思”就是“自己想办法”。

有两个园林工人在休息时闲聊。甲说："整天挖坑种树，让人烦透了！"乙说："你想着咱们是在建设一个美丽的新花园，这样心情就好多了！"多年后，甲依旧在花园种树，而乙却成了设计师。

乙的改变是由于他心中始终有个"新花园"，是在用"心"做事，用"心"去创造、改变。

"思变"还有一个关键点，就是这种"思"不是胡思，不是乱想，更不是随心所欲，而是在遵循客观发展规律的基础上，找到解困的办法，尽快脱离困境。如果一味想摆脱"穷"境，违背客观规律，破坏阴阳平衡，去追求自己的利益，那只能是适得其反，一无所得，越变越差，越变越坏。

"穷则变，变则通，通则久"，这是《周易》的至理名言。《周易》从来不是从一个封闭的系统来看待世界的，它认为世界是一个开放、动态的系统。"祸兮福所倚，福兮祸所伏"，事物既是对立的，又是统一的。事物就在这否定之否定的对立统一中发展，永无止境。

十七 三阳开泰

三阳开泰——《周易·泰卦》，此卦寓意吉祥亨通。由复卦变临卦再变泰卦，即内卦（下卦）为三个阳爻，成“开泰”之势。以阴历十一月为复卦，一阳生于下；十二月为临卦，二阳生于下；正月为泰卦，三阳生于下。

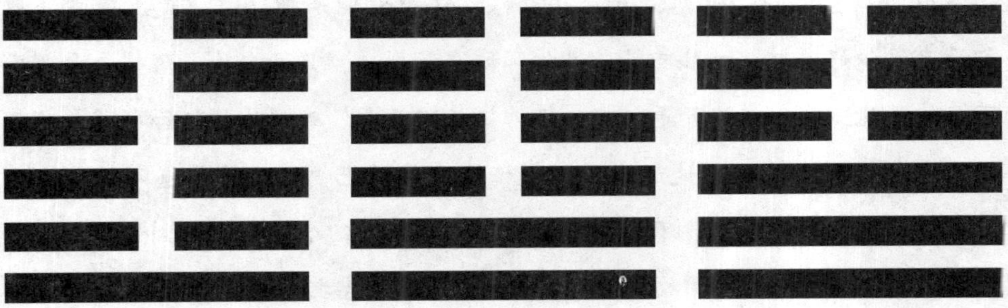

复卦　　临卦　　泰卦

农历十一月冬至日，昼最短，此后，昼渐长，阴气渐去而阳气始生，称冬至一阳生，十二月二阳生，正月三阳开泰。正月正是三阳开泰卦，此时既是立春，又逢新年。冬去春来，阴阳消长，万物复苏，故“三阳开泰”或“三阳交泰”便成为人们日后新年的祝福语。

汉语中“阳”与“羊”同音，羊即为阳。羊，即祥也。人们常说的“三羊开泰”为吉祥话之一。

拿“三羊”来代替“三阳”，除了“羊”与“阳”两字谐音外，还有寓意更隐蔽的深层文化含义。

其一，汉代许慎《说文解字》云：“羊，祥也。”古文中，“羊”与“祥”是相通的。从中国古代直至今天的民俗中，“吉祥”常被写作“吉羊”。羊，儒雅温和，温柔多情，是古人最早驯养的家畜之一，自古便与中国先民成为伙伴，朝夕相处，深受人们喜爱。羊也因此成为吉祥、福祉的象征。

其二，《说文解字》又说：“美，甘也。从羊从大。美与善同意。”羊之大者则美。古人把羊作为美好的象征，几乎一切美好的事物，都用羊来形容。羊的体形肥美，性格温顺，叫声悠扬婉转，足见羊隐含着美好、和善、吉祥之意。

《西游记》中有这么一段故事，话说唐僧师徒四人在取经路上留宿在一处寺庙，第二天唐僧被寺庙的僧人留下多住一晚，观看元宵花灯，被乔装打扮的妖精捉去山洞里。悟空来到此山上探路，看到对面走来三人正赶着三只羊下坡，口里喊到“开泰，开泰”。悟空认出他们是神仙，便走上前责怪他们没有保护好唐僧，神仙回答：“你师傅宽了禅性，只顾自乐，落得个泰极而否。特设此三羊，以应开泰之言，唤作‘三阳开泰’破解你师之否也。”“三阳开泰”在此处被巧妙地运用了，也证明《西游记》作者吴承恩不仅是文学家，还是易学家。不然，不可能将“三阳开泰”这四个字如此恰到好处、毫无痕迹又非常自然地运用到故事情节之中，足见其易学之功力。

相传，羊是给广州带来吉祥的五谷之神。《太平御览》引晋代裴渊《广州记》，载有五羊传说。至清初，五羊故事仍为当地人所津津乐道。屈大均《广东新语》记，古代南海有五仙人，各穿不同颜色的衣服，分别骑着不同颜色的羊，来到广州，将谷穗赠送给人们，并祝愿这里永无饥荒。随后，五仙人腾空而去，五羊化为石。五个仙人五只羊，带来五谷丰登的祝福。从此，广州被称作羊城，亦简称穗，均源于五羊传说。

或许有人会问，为什么是“三阳开泰”或“三羊开泰”，不是“一阳”“二阳”或者“四羊”“五羊”“六羊”？为什么不用乾卦的“六阳”？这除了与泰卦的卦象和含义吻合不上，还有一个重要原因就是“三”在中国古文化中具有特殊的含义。老子说：“一生二，二生三，三生万物。”在古代，“三”表示“很多”，比如三人为“众”，三木为“森”，三水为“淼”，都含有众多的意思。同时，“三”又代表天、地、人三才，朱熹说“三画而三才之象始备”。由此可见，“三”在人们日常生活中是一个非常重要的数字。

十八 阴阳怪气

阴阳怪气——《周易·系辞上》：“易有太极，是生两仪。”“太极”是原始未分化的混沌状态的“元气”。“两仪”，即阴、阳二气。“阴阳怪气”一词现多形容态度怪癖，冷言冷语，不可捉摸。

太极图

《周易》中阴阳的概念，含有两层意思：一是指构成宇宙中一切事物的物质实体，即阴气和阳气；二是指两种相互矛盾着的趋势。由此它们具有对立的交感的性质。

为什么要拿阴阳来形容某个人的谈吐不正常呢？这还得从《周易》中阴阳的概念分析。阴阳是周易的核心思想，天为阳，地为阴：日为阳，月为阴；山为阳，水为阴。天道有阴阳，地道有刚柔，人道有仁义。在人类社会中，君为阳，臣为阴；君子为阳，小人为阴；等等。总之，宇宙间的一切事物，都是由相互对立的阴、阳二气组成的。这就是爻有阴阳，卦有阴阳，这些都是对外界的阴、阳二气的摹写和反映。阴、阳二气既对立，又统一；既相互作用和相互转化，又在一定的时间、空间内形成相对的平衡。

《周易》把宇宙分成天、地、人三大部分，构成宇宙的三才是一个统一整体，它们的统一主要表现在：整个宇宙由“气”这种物质构成，“有天地，然后万物生焉，盈天地之间者唯万物”。“天地”指阴、阳二气，宇宙万物都是由阴、阳二气构成的。宇宙统一于“气”。即“气”是宇宙统一的物质基础。

“一阴一阳之谓道。”阴阳学说对中国人传统哲学思想的形成影响巨大，几乎渗透到各个领域。如中医学，我国古代易学家在长期医疗实践的基础上，将阴阳学说广泛地运用于医学领域，成为中医理论的重要组成部分。中医强调人体整体性，然后将整体分为对立统一的两个属性——阴、阳。中医理论认为人体生病是由于人体的阴阳失衡，治病的根本是帮助病人调节阴阳使其达到阴阳平衡的过程，如果一个人阴阳平衡，身体自然会健康。

用更加通俗一点的话来说，中医要治的就是阴阳之怪气。阳多阴少或阴多阳少都会产生怪气，一股怪气在身体内乱窜，使身体处于一种不平衡状态，这时身体外在的表现就是不舒服，中医的本事就是准确找出产生怪气之部位，用中药或传统手法去提气或泄气，使阴阳达到新的平衡，从而身体又回到正常的状态。

通过上述分析，就能够明白在形容一个人言谈举止不正常时用“阴阳怪气”一词的缘由。言谈举止不正常实际上是阴阳不平衡，是一种病态。阴阳怪气的人都有一些共同特点，如双眼无光、贼眉鼠眼、点头哈腰、缩头缩脑、虚情假意、举止怪异、装模作样、话留一半、吞吞吐吐、该说不说、故作深沉等。当然，这种病并不是身体器官有毛病，主要是思想上、心理上的原因，要抑制这种怪气，需要在工作环境、同事关系、日常生活等方面进行调整，使得阴阳重新平衡，达到祛病强身的目的，重塑一个有朝气、有活力、充满阳光的人。

总之，阴阳怪气的“气”，不是一种正气、好气，更不是福气。这种“气”破坏吉祥和谐，促使阴阳分离，背离阴阳学说，这种“气”令人讨厌，遭人唾弃。它也提醒人们不要做阴阳怪气的小人，要做坦诚相见的君子。

十九 错综复杂

错综复杂——《周易·系辞上》：“参伍以变，错综其数。”现形容头绪繁多，情况复杂。

乾卦

坤卦（乾卦之错卦）

临卦

观卦（临卦之综卦）

兑卦（复卦）

革卦（杂卦）

错综复杂，这个成语来源于《易经》中的卦象关系，其实是指四种卦象的关系：错卦、综卦、复卦和杂卦。

错卦：非综即变，什么是变呢？就是将原卦的每一爻，阳爻变成阴爻，阴爻变成阳爻，这样得到新的卦，称为变，此时的新卦称为原卦的错卦。如乾卦变坤卦。

综卦：六十四卦中，乾、坤、坎、离、大过、颐、小过、中孚八卦颠倒过来保持不变，其余五十六卦反过来后都成了其他卦，此时新卦称为原卦的综卦。如临卦变观卦。

复卦：第一层意思，首先是与八个单卦相区别，三爻的卦称单卦，由两个单卦组成的六爻的卦称复卦。从这个意义上说，六十四卦体系的卦都是复卦。复卦的第二层意思，就是“重复”。是指上下卦由同一个单卦组成的复卦，这样的卦也叫“纯卦”。因为这样的卦只有八个，所以又叫“八纯卦”。如兑卦。

杂卦：就是与纯卦相对的卦。除纯卦以外的其他五十六卦都是杂卦。如革卦。

还有另外一种情况，一个六爻卦中，内外卦都有各自的“错卦”，称其为“半错卦”，分为“上半错卦”和“下半错卦”两种。

综卦也可以分为“上半综”“下半综”“上下同综”等情况。一个六爻卦中，外卦变成“综卦”而内卦不变，这样组成的新卦叫原卦的“上半反卦”“上半综卦”“上半覆卦”等。

由此可见，且先不去解析六十四卦博大精深、包罗万象的原理，只看每卦之间、每爻之间的变化，就使人感到眼花缭乱，纷繁多变，真是错综复杂。

上述错综复杂对应的是本卦一面、错卦一面、综卦一面、错综卦一面，以上就有了四面，复卦、复错卦、复综卦、杂卦、杂错卦、杂综卦是另外六面，总共十面，所以南怀瑾先生说《易经》是八面都玲珑，十面看问题。

错综复杂对于拓展人的思维模式有非常重要的意义，每个卦象可以单独运用，可以两两运用，也可以任意组合运用，最终极的可以十面组合运用。我们可以称这些法则为“易经辩证法”，它的精和全甚至可以超过世界上任何一种哲学，有不可估量的理论价值和实用价值。我们还有一个感悟，就是用六十四卦来涵盖宇宙间错综复杂的事物，不得不对先圣的聪明才智敬佩不已。

“错综复杂”一词告诉我们，宇宙中万事万物都不简单。宇宙的所有事物都存在一种联系，或相互依存，或此消彼长。各种因素交织在一起，构成错综复杂的局面。而正是这种错综复杂，使得整个宇宙社会变得丰富多彩、缤彩纷呈。

课堂上老师正在讲故事：

一艘游轮遭遇海难，船上有对夫妻，好不容易来到救生艇前，艇上只剩一个位置。这时，男人把女人推向身后，自己跳上了救生艇。

女人站在渐沉的大船上，向男人喊出了一句话……

讲到这里，老师问学生：“你们猜，女人会喊出什么话？”

学生们群情激愤，都说：“我恨你，我瞎了眼！”

这时老师注意到有个学生一直没发言，就向他提问，这个学生说：“老师，我觉得女人会喊——照顾好我们的孩子！”

老师一惊，问：“你听过这个故事？”

学生摇头：“没有，但我母亲生病去世前，就是对我父亲这样说的！”

老师感慨道：“回答正确。”

轮船沉没了，男人回到家乡，独自带大女儿。

多年后，男人病故，女儿整理遗物时发现了父亲的日记。

原来，父亲和母亲乘坐游轮时，母亲已患了绝症，关键时刻，父亲冲向那唯一的生机，他在日记中写道：“我多想和你一起沉入海底，可是我不能。为了女儿，我只能让你一个人长眠在深深的海底。”

故事讲完，教室里沉默了，老师知道，学生们已经听懂这个故事：世间的善与恶，有时错综复杂，难以分辨，所以凡事不要只看表面，不可轻易论断他人。

“错综复杂”一词启示我们，面对错综复杂的局面，需要保持清醒的头脑。及时找出最重要的“那一卦”，最关键的“那一爻”，抓住主要矛盾，制定措施，确定方法，集中力量，重点突破，做到以点带面，以主带次。这样才能掌控好形势，将错综复杂的局面牢牢把握在自己的手中。

曾国藩认为，史书中写的那些名将，不是强调他们武艺超众，就是强调他们谋略超群。其实，武艺、谋略都不重要，最重要的就是三件事——每天点名、训话、查墙子，使军队整整齐齐、有条不紊、富有朝气。不会收拾导致军容不整最终打败仗的例子，在湘军史上有很多。李元度守徽州的时候，就对曾国藩始终强调的点名、训话、查墙子不怎么上心。李元度是个书生，喜欢在军营里看书。因为看书而耽误了许多正事，其中就包括点名、训话、查墙子。这些事不认真做，军容就不可能齐整。虽然曾国藩一再提醒李元度在管理上勤一点，但李元度依旧我行我素，最终导致徽州之败。这就是不懂收拾而失败的典型例子。

懂得收拾，不仅对个人、家庭、军队重要，对我们每一家企业，乃至对我们整个国家、整个人类社会，都非常重要。一个成功的企业家，面对错综复杂的局面，一定不会盲目地去做事。他首先要做的是理清头绪，收拾整齐，然后才能有条不紊地去做事。这样做事，才容易成功。

“错综复杂”一词还启示我们，虽然世界是错综复杂的，但我们在工作时要尽量使复杂问题简单化。面对纷繁复杂的局面，我们要做到处事不惊，临危不惧，变繁为简，化难为易，达到事半功倍的效果，实现自己的目标。

乾隆在位60年，面对错综复杂的局面，他在治国理政方面多有创新。在他主动禅让皇位给太子永琰（即嘉庆皇帝）时，还演出了一场精彩的茶戏。

在决定让位的那一天，乾隆宣永琰和福康安到圆明园去拜见他，当时乾隆正在园中散步。见到永琰和福康安，乾隆满脸堆笑，一边命“扇火沏茶”，一边说：“琰儿，来得正好，陪朕坐坐。福康安你也坐下，今儿个咱们一同品新入贡的好茶，不必论君臣之礼。”

“是！”永琰和福康安一齐躬身答道。

乾隆亲切地看着福康安，又看了永琰一眼，一边揉自己的膝头，一边对福康安说道：“朕下旨催你，是为了赶好日子。明日是辛亥日，是永琰数格里最好的黄道吉日，朕要升勤政殿，召见皇子、皇孙，王公、大臣，宣布立永琰为太子。”

他略停顿了一下，放下揉膝盖的手，正容望着永琰说：“明年正月初一你即嗣位。虽然是内禅，但年号要公布，改元为嘉庆——这和你的亲王封号一样。”

一席话直听得永琰热血上涌，使他感到激动、兴奋，自豪中又夹杂着惶恐不安。人有时就是这么奇怪，明明是自己长期以来追求的东西，可是一旦到手时，又觉得不知所措。

正在这时，太监将沏好的茶呈了上来。乾隆接过一杯并吩咐道：“快给你十五爷端上，这茶最讲究趁热品饮，岩韵稍纵即逝呢！”

永琰和福康安接过茶后，心都镇静下来，看着乾隆旁若无人地忘我品茶，也都低头趁热闻香品茗。

永琰闻香后一脸困惑，赶紧啜一口，似乎不信；又啜一口，心中顿时感到从脊髓中透出一丝寒意。福康安品茶后也呆若木鸡，双眼直望着乾隆。

乾隆却一脸祥和，双目含笑，一边津津有味地啜茶，一边说：“永琰明年登位，布新不可忘旧，你应当度量宽宏，遇事多与和珅还有几位军机大臣好好商量。”

永琰、福康安二人都是品茶高手，雨水、雪水、惠泉、玉泉……什么茶，一入口便知。今天乾隆所赐的茶，是充满陈香陈韵的陈年好茶，绝非乾隆所说的“新茶”。永琰这个将要登基的太子一切都明白了，皇阿玛是用陈茶提醒他，陈茶比新茶更有韵，登基后千万不可忘乎所以。

“好茶！”永琰不胜苦涩地一笑后，站起身来，自己执壶斟了个七分杯一饮而尽。

“好茶，谢万岁赏！”福康安心慌意乱地说着，也饮了自己的那一杯。

“嗯……你们都说好茶？懂得就好！懂得就好！朕打小时候起就最爱喝大红袍。不过这茶虽然好，只是喝多了难入眠。琰儿跪安吧。”

说着话，乾隆依旧悠然自得地品茶。这位老茶皇，真不愧是玩权术的老手，他通过说茶论道，把谁来坐江山这样天大的事定了下来。

二十 一元复始

一元复始——《周易·复卦·彖》：“复，亨。刚反，动而以顺行，是以出入无疾，朋来无咎。反复其道，七日来复，天行也。利有攸往，刚长也。复，其见天地之心乎？”其大意为：复卦为亨通，阳刚之爻又返回来（即一个阳复生），这种周而复始的现象，是天道运行的规律。

剥卦

复卦

复卦一阳在下，五阴在上，由剥卦发展而来，体现了剥极必复的自然规律。此卦为异卦相叠（震下坤上）。外卦为坤，坤为阴为顺；内卦为震，震为阳为动。内阳外阴，循序运动，往返无穷。初爻为哇——一个阳爻，这就是生机的开始、温暖的开始、希望的开始、“新”的开始。

《彖》说：复归表示顺利，阳刚之气又回归了，下面的震卦表示动，上面的坤卦表示顺，行动而又顺利，因此出入无病，朋友前来也没有什么灾难，返回到它本来的阴阳消长规律上。有了第一个“阳”，从复卦开始，这就是“一元复始”，“元”也是“第一”的意思。元旦，我们中国人所说的阳历年的开始，是一年的首日，是第一天。元首，代表一个国家的最高统治者。

说到“元”，不能不提及中国历史上的一个重要朝代——元朝。1271年11月，忽必烈颁发《建国号诏》，全文共两段，第一段回顾了汉民族以往国号的产生意义，第二段则着重解释为何现在国号命名为“大元”：“我太祖圣武皇帝，握乾符而起朔土，以神武而膺帝图，四震天声，大恢土宇，舆图之广，历古所无。顷者耆宿诣庭，奏章申请，谓既成于大业，宜早定于鸿名。在古制以当然，于朕心乎何有。可建国号曰大元，盖取《易经》‘乾元’之义。”

最后一句，意指取用《易经》中“大哉乾元”之意。《周易·彖》：“大哉乾元，万物资始，乃统天。”《象》：“天行健，君子以自强不息。”《文言》：“元者，善之长也；亨者，嘉之会也；利者，义之和也；贞者，事之干也。”“乾元者，始而亨者也；利贞者，性情也。乾始能以美利利天下，不言所利。大矣哉！大哉乾乎？刚健中正，纯粹精也。六爻发挥，旁通情也。时乘六龙，以御天也。云行雨施，天下平也。”

总起来解释，乾为八卦之首，乾代表天，也是六十四卦之一，代表阳刚健硕，也和蒙古族敬天尚武相暗合。

蒙古统治者这么偏爱《易经》，应该是和铁木真受丘处机的影响颇深有关。到忽必烈时代，其身边有王恽、刘秉忠、徒单公履等高人。首先由王恽上奏忽必烈，说我们取得如此丰功伟绩，应该有个响当当的国号，最好让群臣一起商议，由皇上定夺。皇上准奏，群臣回家绞尽脑汁想国号。刘秉忠，大才，曾出过家，文史皆通，也是元大都的设计者，深通《易经》，他上奏："奏建国号曰大元"（《元史·刘秉忠传》）。忽必烈从小就学习汉文化，非常喜欢也精通汉文化，考虑后觉得刘秉忠的这个名字取得好，就定下来，让徒单公履拟诏。

忽必烈为首的统治阶级，取大元作为国号，主要目的是向汉族示好，自称是汉民族王朝的延续，蒙汉是一家人，蒙汉一家亲以表明蒙古大汗政权愿意接受汉文化的态度。通过建立汉式的国号，来博取原来宋朝广大汉人的欢心，大元国号建立八年后，崖山之战陆秀夫背着赵昺跳海。南宋灭亡。

元，是元、亨、利、贞四德之首，万物生长都靠"元"开始；元，是天地万物的本源，是天德的主宰；元，象征着天行健，君子以自强不息。元既与汉文化紧密联系，又体现了统治者江山永固的愿望，还化解了民族矛盾，真可谓一举多得，显得天衣无缝。

一元复始，给了我们三个重要启示：

其一，要养精蓄锐。阳气从地面产生，长期的痛苦即将结束，没有阻碍，利于勇往直前，有所作为。但不可操之过急，迫不及待想一步登天，因为春天虽然来临，但冬天的寒气并未完全散去，晚霜仍会将刚刚冒头的小芽侵蚀至枯萎。阳气始生，未积蓄到奋勇前进的足够力量，又不能随意损耗，只能静养以待其壮大。这时需要的是养精蓄锐，积蓄向前的能量。

其二，要抓住时机。人们常说，一日之计在于晨，一年之计在于春。既然"一元复始"是预示着上升的开始，那就要把握住机会，千万不能对它视而不见，完全感受不到它的来临。或者虽然感受到了它的来临，却仍无动于衷，犹豫不决。那样的话，明明可以做到见机而动，最后变成错失良机。

其三，要开端良好。蓄积了能量，认清了时机，那接下来要做的就是开始前行。俗话说：万事开头难。所谓"开头难"，不是开不了头，难就难在如何开好头。有几个要点必须把握好：一是一定要开头。时机已到，开头是大势所趋，不能因为难开头就畏缩不前而不去开头。二是信心很重要。对自己的目标，要有高度的自信，不能犹豫不决。三是正确判断环境。要使自己所制定的措施切实可行，不断修正、调整前行的路线，使之最终达到目的。

其实，这里有一个如何正确处理养精蓄锐与抓住机遇的关系问题，既要吸取阳气来补充自己的元气，又要把蓄积的能量及时发挥出来，这样就恰到好处地达到了一个最佳状态。

二十一 刚柔相济

刚柔相济——《周易·蒙卦·象》曰：“刚柔接也。”本意为男女相配相亲，刚柔交会，阴阳平衡，传宗接代，繁衍生息，幸福吉祥。后多指待人处事刚强与柔和两者互相调剂、制约、补充、促进。

蒙卦

在《易经》的许多地方都讲到刚与柔的关系，如泰卦、坤卦、噬嗑卦等。刚与柔的关系实际上是阴与阳的关系，而阴阳关系是《周易》的核心思想。阴阳说认为万物都有阴、阳两个对立面，并以阴阳来解释自然界的各种现象，阴阳对立和统一是万物发展的根源。阴阳在对立中统一，在统一中发展，在发展中促进万事万物的变化，在每一个变化阶段又形成新的平衡，使万事万物保持一定的形态和规律。

刚柔并济的道理自古以来被历代推崇并运用。据说在建安二十三年（218年），曹操闻知刘备欲取汉中而将攻打定军山（在今陕西勉县城南5公里）、天荡山（在今陕西勉县城北5公里），便急忙亲率大军赴汉中救援。行军至南郑（今汉中市），给定军山守将夏侯渊一封书信，信中说：凡为将者，当以刚柔并举，不可徒恃其勇。若单任勇，则是一夫之敌耳。但夏侯渊未听曹操告诫，恃勇好战，结果为蜀国老将黄忠所杀。

在待人处世中做到刚柔相济，至少有以下三个关键点：

其一，阴阳要平衡。我们知道世上万事万物均由阴、阳组成，而只有阴阳平衡了才能保持万物和谐的状态。这种平衡大到整个宇宙，小到一个人的身体。《周易》学说认为，人体本身是一个阴阳的统一体。传统中医学中对阴阳的运用相当广泛，如《黄帝内经》中所说："阳胜则阴病，阴胜则阳病。阳胜则热，阴胜则寒。重寒则热，重热则寒。"人体的阴阳状态达到平衡，其病则愈之。如果人体长期保持阴阳平衡，则无病痛。人体如此，其他事物亦如此。作为处于社会中的人，在待人处事过程中，只有做到刚柔并济，才能使自己的工作、事业顺利发展，家庭幸福安康。阴与阳的关系处理得越好，越会感到得心应手，刚与柔结合得越紧，越会觉得浑身有一股无形的力量推动自己前进。如果一个人胸无大志、柔弱无刚或柔强刚弱，可以推定其一生是不会幸福的，事业也是不会顺利的。

其二，恩威要并重。这是从领导者的角度来看，管理好一个团队必须做到的一个要求。"恩"与"威"实际上是阴与阳，也是刚与柔。在管理上，阴阳理论运用得好与差会直接体现在管理效果上。因此，人们都十分注重恩威并重去治理国家，管理企业，甚至在学校教育、家庭教育中，都特别崇尚恩威并重，其实这也是孔子所提倡的“德法并用”的意思。安抚和强制同时施行，软硬兼施，赏善罚恶，惩教结合，德教与礼治并行不悖。管理过程当严则严、当宽则宽，都是有序管理不可或缺的重要组成部分，也是法治社会应有之义。

其三，性格要互补。人有各种各样的性格，不尽相同，但从归类来看，不外乎属阴或属阳，即刚与柔。所谓“互补”，就是在一个团队中要有不同性格的人，使之性格互补，取长补短，达到阴与阳、刚与柔的平衡，产生最佳的效率，推动事业的发展。

19世纪，德国有两位化学家——李比希（Justus von Liebig）和维勒（Friedrich Wöhler），这两人的合作与友谊是科学史上也是伦理史上的一段佳话。李比希性格激烈、爽朗、勇敢、自信、好奋斗、风风火火；维勒则性格温和、平静、有耐心、有见识，即使遭到攻击也不动声色。两人一个是“一团火”，另一个是“一块冰”。然而，这两位性格迥异的科学家却长期密切合作，创立了有机化学，被誉为“化肥之父”，在化学领域有许多发明创造，为化学发展做出了重大贡献。他们刚柔互补、“水”“火”相容，促进了个人的进步，推动了事业的成功。

二十二 不速之客

不速之客——《周易·需卦》上六：“有不速之客三人来，敬之，终吉。”字面意思为，有三位不请自到的客人来访，以礼相待，会有好结果。现多形容不请自来的客人，或未经邀请突然出现的人。

需卦

《周易·需卦》九五："需于酒食，贞吉。"在酒桌上等待时机，这是吉祥的征兆。上六："入于穴，有不速之客三人来，敬之，终吉。"有人正在吃着喝着，竟然来了三位不请自到的客人，热情地接待他们，结果是吉利的。"不速之客"一词是后人按字面意思运用于日常表达之中，其实，远不止此意。你想想看，像《周易》这样一部充满哲理和大智慧的书，要讲一个请客喝酒、推杯换盏之事吗？显然不是。它所蕴含的意味要深刻和丰富得多。

《周易·需卦·象》："需，须也。"需就是等待的意思。需卦从初六到上六都有等待的含义。

初九：需于郊

在郊外耐心等待时机；

九二：需于沙

在沙地上等待时机；

九三：需于泥

在泥泞中等待；

六四：需于血

遇险时不妄动；

九五：需于酒食

在酒宴上等待时机；

上六：有不速之客三人来，敬之

善待等来的机会。

不难看出，这里的"客"已不是客人的意思，它指的是时机、利好。也就是说，只要耐心等待，不急于冒进，养精蓄锐，时机就会不请自来，水到渠成，化危为安。

从需卦的本质就是等待这个意义上来分析，我们可得以下几点启示：

启示一，以退为进。需卦下卦为乾，看似阳气旺盛，刚健十足，然而，上卦为坎，充满风险。在前进的道路上将遇到困境，这时要适当低头，退而不进，静观其变，伺机待发。退是为了积蓄进的力量，收缩是为了更好地前进。

启示二，等中聚力。要主动地“等”，不能被动地“等”，不是守株待兔。所谓主动地等，就是在等待中不断学习，不断摸清内在因素与外部环境的关系，把等待的过程变为积蓄力量的过程，给自己充电，这是一个汲取营养的过程。有人可能要问，既然“需卦”是等待的意思，为何不直接叫“等卦”呢？原因就是一个被动，另一个主动。一个人有需要，就会产生欲望，而欲望又会催生获取成功的动力，这是主动作为的动力，也是人们常说的“机会只留给有准备的人”。心中没有希望就不会耐心地等待，因为谁也不会等待自己认为不可能的事情。最美好的希望往往产生于最无望的逆境，如果今天缺乏耐心而急于求成，我们就会失去明天成功的机会。

启示三，欲速不达。“不速之客”，速，在这里可理解为迅速、快；“不速”，即不能太快。在等待机会的过程中，“客”在考验你的耐心，在检验你的真心，因为在等待的过程中，可能还隐藏着不可预知的险恶，要足够沉着冷静，那个“客”才会不期而至。

一个牧羊人养了两只羊。这两只羊几乎同时产下了两只活泼可爱的小羊羔。

一天，牧羊人像往常一样把这两只羊放了出去，把小羊羔留在了羊圈里，因为它们还太小，放出去会有危险。两只羊渡过浅浅的河水，到对岸去吃草。但没过多久，突然天降暴雨，河水泛滥，小溪变成湍急的河流。

牧羊人来到岸边，他知道自己的羊该回圈给羊羔喂奶了。但他发现此时过河是不可能的。

一只羊在河对岸耐心地吃草，等待河水回落，而另一只羊却焦躁不安，并开始抱怨：“这水不会落下去了，我的孩子会饿死的，我们留在这里也会被狼吃掉的。”正在吃草的那只羊试图使同伴安静下来，但无济于事，焦急的同伴没有听它的话，一跃跳进了河里。

牧羊人在河对岸看到了这一幕，却无能为力。跳入水中的羊在急流中游了几米，就被河水卷走了。

天黑的时候，河水已经回落了很多。牧羊人小心地过了河，把另一只羊抱了回来。

有时候，就是要等待时机成熟了才可以做成事的，心急吃不了热豆腐。

启示四，偶然中有必然。看似来的是“不速之客”，不请自来，相当偶然。其实不然，每次出现“不速之客”的情况，主人与客人都会有这样或那样的关联。这种关系有的很明显，表露无遗，有的却在暗处，是一种潜在的关联。因此，我们在对待“不速之客”时，要尊敬，要善待，要牢牢把握来之不易的时机，只有这样才会“敬之终吉”。

有一则关于林语堂博士当年的一段故事：有一天，一位先生宴请美国名作家赛珍珠（Pearl S. Buck）女士，林语堂先生也在被请之列，于是，他就请求主人把他的席位排在赛珍珠之旁。席间，赛珍珠知道座上有许多中国作家，就说：“各位何不以新作供美国出版界印发？本人愿为介绍。”

座席上的人当时都以为这是一种普通敷衍的说辞而已，未予注意。唯独林语堂先生当场一口答应，并搜集其发表于中国之英文小品成一巨册，送给赛珍珠，请为斧正。赛珍珠因此对林博士印象极佳，其后乃以全力助其成功。

由这段故事看来，一个人的成功，固然要靠天才，要靠努力，但也需要及时把握时机，不因循、不观望、不退缩、不犹豫，想到就做，有尝试的勇气，有实践的决心。所以，有些人的成功在于一个很偶然的机会，但认真想来，这偶然机会能被发现，被抓住，而且被充分利用，又不是偶然的。

机会是在纷纭世事之中的许多复杂因子，在运行之间偶然凑成的一个有利于你的空隙。这个空隙稍纵即逝，所以，要把握时机确实需要眼明手快地去“捕捉”，而不能坐在那里等待。

因循等待是人们失败的最大原因，所以说：“弱者等待时机，强者创造时机。”所谓“创造时机”，不过是在万千因子运行之间努力加上自己万千分之一的力量，希望把“机会”转向于有利于自己的一刹那。林语堂博士的故事，难道不是一个最好的证明吗？徘徊观望是我们成功的大敌。许多人都因为对已经来到前面的机会没有信心，而在犹豫之间把它轻轻放过了。机会难再，这话是对的，因为它即使它肯再来，光临你的门前，但假如你仍徘徊瞻顾，它还是会照样毫不犹豫地一走了之。

二十三 二人同心，其利断金

二人同心，其利断金——《周易·系辞上》：“君子之道，或出或处，或默或语。二人同心，其利断金；同心之言，其臭如兰。”其义是只要二人同心同德，其力量就可以折断金属。现比喻只要紧密团结，就可以无坚不摧。

六二

比卦

《周易》中有很多地方都说到与人为善，相互帮扶，合而成势，君顺民意，只有这样才能克服困难，成就一番事业。比较有代表性的卦是比卦，《周易·比卦》六二：“比之自内，贞吉。”《象》曰：“比之自内，不自失也。”比，团结，意为内部和睦团结，卜问得吉兆。内部和睦团结，就不会失去民心。

《周易》的哲学是和谐互补的哲学，强调统一、配合以及协调的重要性。

有人给三位小学生做游戏。那个人拿出一个瓶子，瓶身粗，瓶口窄，模拟一口井，三个学生一人拿一个用绳子吊着的石头当作他们自己（因为瓶口比较窄，一次仅能从瓶口撤出一块石头）。现在井里发生灾难，三人必须在5秒之内，将石头全部撤出瓶口，否则就算游戏失败。然而，让那个人意想不到的是，三个学生在瞬间就将石头全部撤出来，时间仅仅为3秒。在短短的3秒里，他们没有畏惧，没有争先恐后，也没有商议，一个眼神、一个动作就把团结协作的传统美德体现在行动上。三位小学生不仅有机智的大脑，更有善良的心灵，他们清楚地知道为一己之私利带来的只会是“全军覆灭”。

从《周易》的互补哲学和“二人同心，其利断金”的成语中，我们可以得到以下的启示：

其一，天人合一。中国传统哲学思想认为，天是自然界的最高主宰，人是自然界的一部分，天地有其运行的规律，人类社会也有其运行的规律，人类社会的运行规律要与天地的运行规律相吻合，相对应，不悖行，只有这样才能达到和谐共存。人与人的关系上取得相互的信任，才能够使人的小宇宙在天的大宇宙中自由和谐运行。

其二，阴阳统一。阴阳理论是《周易》的核心思想，在其他成语的研究分析中已有详尽的阐述，这里要重点指出的是，由于世上万事万物都由阴阳构成，人也不例外，每个人自身有阴阳，人与人之间也有阴阳，只有阴阳紧密统一、协调地运动，宇宙万物才能存在，才能发展，才能前进。

其三，合二为一。两人合一，这个“一”是大于二的一，是两人抱团，形成新的力量的一，这个道理似乎大家都懂，但真正要做起来，并非易事。

这个社会纷繁复杂，充满各种诱惑，经常出现相互争斗的场面，最终往往是两败俱伤，一事无成。中国有句俗语“一个好汉三个帮”，又说“一根筷子容易断，一捆筷子抱成团”，都是在说团结是办成事情、实现目标的前提基础。

二十四 金兰之交

金兰之交——《周易·系辞上》：“君子之道，或出或处，或默或语。二人同心，其利断金；同心之言，其臭如兰。”后指坚固如金属、芳香如兰花的友谊，形容十分亲密的朋友或结拜兄弟。

兰花图

“同心之言，其臭如兰。”“臭”，通“嗅”，这里指香味。为什么用兰花来形容朋友、兄弟之间的友谊，而不用别的花呢？因为兰花有其他花所没有的几个特质：

其一，质朴文静。兰花外形朴实无华，花形如亭亭玉立的少女，美丽动人，含羞无语。这种淡雅高洁的气质，十分符合东方人的审美标准。古往今来，赞美兰花的诗词数不胜数。孔子曰：“芝兰生于深林，不以无人而不芳。”芝兰扎根生长在森林深处，但是它并不因为没人观赏就不散发自己迷人的芬芳。正是兰花独自散发的淡淡幽香和从不张扬的性格，引发人们千百年来对它的赞赏和追捧，从而将它看作是高洁和典雅的象征。

其二，花香悠长。“气如兰兮长不改，心若兰兮终不移。”古人对兰花情有独钟，其花香悠长是重要因素。兰花的花期从一个月到数月不等，它相对其他种类的花，花期要长得多。一种花能做到常开不败，香气弥久，是多么值得惊喜和尊敬的事情。它能在千万花中独树一帜，脱颖而出，获得世人的青睐，没有内在的真功夫是绝对做不到的。

其三，香气独特。兰花的香味似乎在自然界所有的花当中是最独特、最通人性的一种，它的香气几乎不大可能用文字形容得很清楚．在这里本文试图描述一下。

一是淡雅之香，它的气味不会扑鼻而来，也不会浓郁环绕，而是似香非香，让人难以忘怀。

二是悠长之香，即使你已离开，但它似乎还在身旁，若即若离，香气不知在哪里散发。

三是羞涩之香，它看似一位亭亭玉立的少女，却少了点热情奔放，更多是默默无语、含情绽放。她恋着你，却从不表露，将爱藏在心里，低头默默凝望你的背影。虽然她不言语，你却始终能感到她的存在。大家在一起相处，如入芝兰之室，久而不闻其香，可谓“寻得幽兰报知己，一枝聊赠梦潇湘”。

民国时期，山东莱州有这样两户人家，一户是织布的王家，另一户是开染坊的何家。这两家挨得近，生意上又有往来，关系一直不错。到了王掌柜和何掌柜这一代，更是交情莫逆。这一年，二人因在一次出海中，遭遇台风而死里逃生，关系更近一步。王掌柜跟何掌柜二人干脆结成金兰之好，跪地发誓："二人同心，其利断金；同心之言，其臭如兰！"

王家有个儿子名叫志刚，何家有个女儿名叫小翠，他们自小青梅竹马，已是情根深种。王掌柜跟何掌柜看在眼里，就请来了媒人和证人，把这桩婚事订了下来。

但在他们订婚之后第二天，何家全家到庙上去烧香，祈求菩萨保佑小翠进到王家给王家生一个大胖小子。不料，那天刘督军的儿子也来庙里玩耍，一眼就看上了小翠的美貌。刘督军的儿子回到家里，说怎么样也要娶小翠。刘督军立刻找了一个媒婆到何家提亲，不料得到的回答是小翠已经跟王掌柜的儿子志刚订婚。骄横跋扈的刘督军立刻派人把何掌柜找来，限他三天之内退掉跟王家的婚约，否则就让王志刚吃枪子儿！何掌柜苦思冥想了两天两夜，终于想出了一个办法，他亲自上门"逼迫"王家退婚，然后点火烧了自己家。

多年后，王掌柜得知真相，不解地问："当初那场大火是你自己放的？小翠不是在大火中毁容了吗？你是怎么给她治好脸上伤疤的？"

何掌柜说："那场大火是我放的，但小翠被毁容是用颜料画的。为了让刘督军的儿子彻底死心，为了成全志刚和小翠的婚事，我不得不'演戏'给刘督军看啊！"

原来是这么回事！王掌柜无比激动地说："你亲自放火烧掉万贯家财，难道你就不心疼？"

何掌柜坦然一笑说："钱财乃身外之物，生不带来，死不带去，而结成金兰之交的好朋友，一旦失去就永远也不会再回来了！"

王掌柜激动得半天没说出一句话来，他紧紧握住何掌柜的手，哽咽着说："谢谢你，老朋友，你让我懂得了什么才是真正的金兰之交！"

"金兰之交"就是要有金的"魄"和兰的"魂"，胸怀坦荡，铁骨铮铮。用兰花的这种特性来构成朋友间的友谊，筑成兄弟间的情谊，是多么美妙的事情。这种朋友或兄弟有三个显著的特征：

一是共患难。患难之中见真情，它是最能检验朋友之间友谊的试金石。

在困苦时，能伸出温暖的双手帮朋友一把，在危难时，能挺身而出，毫不犹豫地冲在最前面，宁愿牺牲自己，也要保护好朋友，真正做到患难与共、生死相依。这种关系牢不可破，坚固如金属，芳香如兰花，它不受外界干扰，在任何情况下都不会出卖朋友或兄弟。

二是同呼吸。有相同的感觉，能相互感应，一举手一投足就能心领神会，有时还真能做到一切尽在不言中，两人能心往一处想，劲往一处使，相互支持去完成一个目标。不与朋友争名，更不与朋友夺利。

三是淡如水。如兰花般不张扬，低调行事。内心的想法静如止水，清澈见底，对方就不用时刻防备。不利用朋友，更不去损害朋友。平日电话中的一句问候、碰见时的一个点头，就足以表达相互的信任，而不必出现勾肩搭背、形影相随的情形。

二十五 密云不雨

密云不雨——《周易·小畜卦》："亨。密云不雨，自我西郊。"意为在西郊一带乌云密布，但雨并未下。在古代畜与蓄意相通。现常比喻恩德未能施及在下的人。也比喻事情已酝酿成熟，但尚未实行。

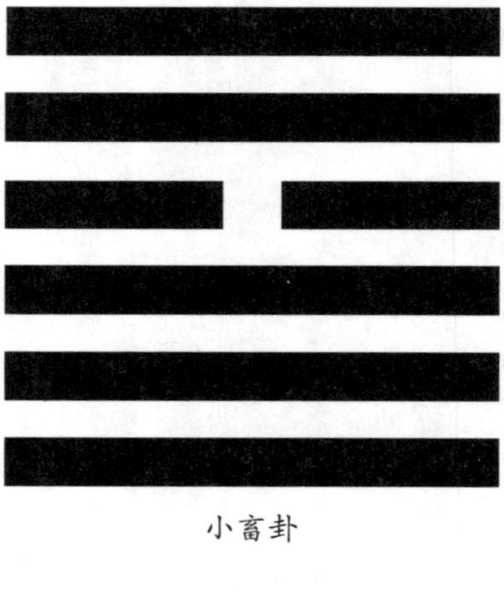

小畜卦

小畜卦为异卦相叠（乾下巽上）。乾为天，巽为风，天上有风，有顺风顺水之象。“畜”有畜养、畜集、储蓄之意，它引申的意境又有“聚”的含义，“聚”可联想为聚集、聚敛、聚合、聚拢、聚众等。

小畜卦的意境，给人们以如下的启示：

其一，蓄以待机。“密云不雨”是由于云层聚集的水汽不足，能量不够，暂时形不成雨滴。它告诉人们，在做某件事情之前，进行一次力量的积蓄是完全必要的，要创造条件，等待时机成熟，做到水到渠成。如果在未形成足够能量时贸然出击，盲目行动，那将是得不偿失，前功尽弃，原来聚集起来的能量不但起不到应有的作用，还会因时机不对而丧失殆尽。

其二，以止为行。要蓄积能量，就要适当地停顿下来，这种停顿，不是无所事事，躺下来彻底放松休息，而是主动地积聚能量。此时，看似停止了，实际上是在不动声色地蓄能聚力。在日常生活中，我们能感受到一些小经验、小规律，停止了才能相聚，阻止了才不会流失。因此，止是为了行，停是为了进。

其三，不改初衷。通过上述分析，我们知道在成长的过程中，会碰到能量不足而需要停下来的情况。这种停顿是为了能量的积累，并且是前进中一个必经的阶段，在这个过程中，会有艰难险阻，会有迷雾重重，还可能有各种诱惑。在这个阶段不能犹豫，更不能打退堂鼓，要坚定信念，不改初衷，全力以赴为实现自己的理想而不懈努力。

其四，未雨绸缪。“密云不雨”，只能说明现在不下雨，不代表接下来不下雨，更不代表明天不下雨。既然雨始终要下来，那就要做好下雨的准备。小畜卦·上九：“既雨，既处，尚德载，妇贞厉。月几望，君子征凶。”九三：“舆说辐，夫妻反目。”这里的“舆”与“辐”和“夫”与“妻”均为一种象征，表示灾难和结局很坏。在这样一种情况下，只有打起精神，制订好各种预防措施，加强防范，才能避开灾凶，化险为夷。

其五，盈满为戒。小畜卦·九五：“有孚挛如。富以其邻。”以正当的方式获取的财富，不应该独享，要与其他人共同富裕，这样就能赢得信任和支援，促使事业的成功。对财富要适可而止，以盈满为戒，不可贪得无厌。否则，因满招损，凶险必至。

北京郊区有一个密云县，现改为密云区，关于“密云”二字，民间也有传说。相传十六国时期，燕王、赵王与段辽相互混战，多次在山前摆开战场，每当战云密布，形势处于“密云不雨中”，大战就要爆发了。后来取“密云不雨”的前面两字作为城名。隋唐五代时期，一度改为檀州，宋朝恢复了密云的名称。尽管是一个传说，但看到“密云”二字，联系《周易·小畜卦》，人们便充满了遐想，增添了许多茶余饭后的谈资。

二十六 谦谦君子

谦谦君子——《周易·谦卦·象》曰：“谦谦君子，卑以自牧也。”意思是，有谦虚美德的君子总是谦卑地进行自我修养。现常形容谦虚而严格要求自己的人。

谦卦

谦卦为异卦（艮下坤上）。内卦为艮，艮为山；外卦为坤，坤为地。内心克制，外表柔顺，这便是谦虚的表现。地高山低，是说山将自己贬低到地下，象征卑下之中包含高贵，这就是谦虚之美德。在六十四卦中，基本没有全部是吉或全都是凶的卦，唯有谦卦没有表示凶的爻，六爻都吉利。

谦卦认为，从开始直到最后都要谦虚。虽然六个阶段都要谦虚，但是每个阶段的具体情况不同，依次是：谦谦，即谦而又谦；鸣谦，即明智而谦让；劳谦，即有功劳而谦让；㧑（读huī）谦，即乐于助人而又谦虚；虚谦，即谦虚的本质是以德服人，并非一味退缩；鸣谦，即有声望而又谦虚，但该出兵征讨时，须诉诸武力。

只有自始至终做到谦虚谨慎，才能获得最后的成功，人如此，物亦如此。

友人讲了这样一个故事：

朋友在郊区房子的后院有一块空地，他播下了向日葵种子。向日葵长势很好，花朵金黄金黄的，煞是美丽。朋友6岁的儿子看到向日葵的花朵整天追随太阳转来转去，很是惊奇。终于有一天，金灿灿的花朵里长满了瓜子，花朵不再骄傲地仰着头，而是谦虚地低下了头。孩子猜想仰着脑袋的花朵会不会比低着头更饱满。于是，他将其中的一朵花固定好，直直地朝向天空。花朵里的果实一天天长大成熟了。孩子小心翼翼地把那朵花摘下来，可出人意料的是，花朵里面已经全部烂掉了，糜烂的气息扑鼻而来。后来我们请教了有经验的花农，花农告诉我们：如果向日葵一直高扬着头，里面积满了雨水和露水，它就没有办法排出。于是，本来应该是果实摇篮的花朵，就变成了滋生细菌和昆虫的温床。所以健康饱满的向日葵总是谦虚地低着头。

低头是一种智慧，一种气度。勾践曾经低头，卧薪尝胆；淮阴侯韩信曾经低头，忍受胯下之辱；三国刘备曾经低头，屈身恭请孔明出山。他们之所以低头，就是因为他们在低头的那一刻，就坚信他们的头将来会高高扬起。

谦虚的反面是骄傲。历史因骄傲而丧权者有之，而亡国者有之，而身亡者亦有之。历史上“大意失荆州”是骄傲狂妄、自以为是的典型案例。

一个伟人曾经说过：“谦虚使人进步，骄傲使人落后。”这句话也曾被一代人熟记于心。要真正做一个谦谦君子，却是一件不容易的事。要做到能舍弃，能吃亏，能低头，能付出，是很艰难的过程。

谦虚谨慎永远是建功立业的前提和基础。不论从事何种职业，担任什么职务，只有谦虚谨慎，才能保持不断进取的精神，才能增长更多知识和才干。谦虚谨慎的品格能够帮助自己看到差距，可以使人冷静地倾听他人的意见和批评，谨慎从事，永不自满，不断前进。

对中国古代名将来说，功高盖主是最担心的事情，可谓是一人之下万人之上，难免会让皇帝有点不放心，轻则贬官、回家种田，重则一命呜呼、小命不保、株连九族。要想在人生顶峰急流勇退，那是何等的魄力。有这样四位名将身居高位但从不自傲，他们功高盖主却没有下场凄惨，反而生前享尽荣华富贵，死后极尽哀荣，只因为低调谦虚。

（1）卫青

他本来是一个喂马的马夫，但是因为托了他姐姐卫子夫的福，被汉武帝重用，并且在对抗匈奴的战斗当中立下了赫赫战功。当时对匈奴作战七战七胜，直接深入匈奴腹地，一下子让匈奴几十年不敢再侵犯汉朝。卫青凭着自己的战功，一直做到了大司马、大将军，并且被封了侯爵，可以说是风光无限。但卫青有一个比较好的特点，就是非常谦虚，不管对同僚还是下属，他都表现得非常谦和，所以一直深得汉武帝刘彻信任，随后才能够得以安度晚年。

（2）吴汉

吴汉曾以贩马为业，归顺刘秀后，率军击杀更始政权的大将苗曾、谢躬，又平定铜马、青犊等农民军，官至大司马，封广平侯。东汉建立后，吴汉又率军扫灭刘永、董宪、公孙述、卢芳等割据势力，功勋之盛仅次于邓禹。吴汉为人质朴忠厚，身居高位但从不自傲，很懂得谦退之道，所以直到去世都备受宠信。公元44年，吴汉病逝，光武帝下诏厚葬。

（3）郭子仪

他就是个神人，当初不仅平定安史之乱，收复长安，还平定了河东叛乱，史书记载其为勋高一代，以一己之力，坐到了万人之上之高位。但郭子仪也十分低调谦逊，谁都说他彬彬有礼，尽管手握大权，皇帝的政令他也不干涉，皇帝很放心他，最后当然是寿终正寝！

（4）曹彬

曹彬历事宋太祖、太宗、真宗三朝，行军作战以不滥杀著称，有击灭后蜀、南唐的大功，又决策伐北汉和攻辽，以功擢枢密使，封鲁国公，位极人臣。曹彬位兼将相，但从不居功自傲，为人仁敬和厚，在朝廷从未违旨，也从未谈别人的过失，以此深得朝廷内外称赞，得以富贵终老。

古人说："谦，大足以守天下，中足以守国家，小足以守其身。"这充分说明了谦虚的重要性。越是精神贫乏的人越是骄矜浮躁，越是内心充实的人越是谦逊深沉，只求耕耘不问收获，足以骄傲而不趾高气扬，才称得上是真正的谦虚。

历史经验还启示我们：谦虚不能含有水分，否则就成了虚伪；谦虚必须与实力结合，才能有所作为；谦虚的动机必须纯正，才能赢得共鸣与爱戴。

二十七 卑以自牧

卑以自牧——《周易·谦卦》初六：“谦谦君子，用涉大川，吉。”《象》曰：“谦谦君子，卑以自牧也。”卑，谦卑。牧，养育。形容以谦虚的态度来修养自己的身心。

初六

谦卦

前文介绍“谦谦君子”一词时，已经对谦卦进行了分析。得知在六十四卦中，基本没有全部是吉或全部是凶的卦，唯有谦卦，六爻皆吉。故在同一爻辞中再次出现一个耳熟能详的成语。由此可见，自古以来谦卑在人们的心目中多么重要，以至于对它推崇至极。既然古往今来人们对谦卑那么崇敬，那么笔者也不惜笔墨，再对谦卦来一番探究。

首先来看一看谦卦的每一爻的爻辞，先圣对谦卑的推崇是那样的不计笔墨，翻来覆去强调它的重要性，反复提醒你要怎样才能做一个谦卑之君。

初六：谦谦君子，用涉大川，吉。提出了“谦谦”的概念，意为谦而又谦。

六二：鸣谦，贞吉。谦虚的美德传播于外，故能获得吉祥。提出了“鸣谦”的概念。

九三：劳谦，君子有终，吉。有功劳而不骄傲，最终就能获得吉祥。提出了“劳谦”的概念。

六四：无不利，㧑谦。㧑（读huī），有挥散、谦逊之意。只要谦虚得当，真心实意地表现谦虚，才会“无不利”。提出了“㧑谦”的概念。

六五：不富，以其邻，利用侵伐，无不利。谦虚是为人处事的美德，但不能无原则地退让，对骄横不服者，可以用武力征服，不能太过于懦弱，且合于正道。

上六：鸣谦，利用行师，征邑国。这里再次出现“鸣谦”的概念。谦虚之名远扬，用兵打仗，无往不胜。

由此可见，自古以来对谦虚美德的推崇似乎是全社会的共识。直至现代社会，伟人的一句“谦虚使人进步，骄傲使人落后”的名言让我们记忆犹新。

现在回到“卑以自牧”这句成语，它的意思是如何加强自身的修养才能形成谦卑的品德。

第一，自牧是谦卑的前提。君子要做到谦虚谨慎，就要先做到修身养性，这种修与养不是外界强加的，而是自觉的一个行动。自觉自愿进行修身养性，说起来容易做起来难。“自牧”是一个艰苦的过程，需要一种超乎寻常的毅力和无私忘我的境界，这个过程做好了，谦卑才有基础。

苏东坡与佛印禅师是很好的朋友。他们经常在一起参禅悟道。

有一天，他们又斗起禅机来。苏东坡首先问："和尚，你看我像什么？"

佛印禅师毫不犹豫地回答说："学士像一尊佛。"

接着佛印禅师反问苏东坡："你看老僧像什么？"苏东坡见佛印禅师胖胖的，穿了一件黑色僧袍，盘腿坐在那里，黑乎乎的一堆，便说："和尚像一堆牛粪。"

佛印禅师听了，并不嗔怪，只是微笑不语，还悠然自得地闭目养神。

苏东坡回家后高兴地将事情经过告诉他的妹妹，说："我与和尚斗禅机，总是输给他，今天总算赢了一回。"

苏小妹听后却说："哥哥你自以为大获全胜，其实今天你又输了！"

苏东坡惊问："此话怎讲？"

苏小妹说："佛印禅师内心纯净而光明，好像有佛光照耀！所以看谁都像是佛；哥哥的内心比较阴暗，还可能有污秽，所以看禅师像一堆牛粪。你们二人的内心境界，谁高谁低，不是一目了然吗？"苏东坡赧然。

让内心世界变得堂堂正正，纯净而光明，外部世界在你眼中就会变得更加和谐而美好。

第二，谦卑的动机要纯正。首先是要真谦虚，而不是搞假谦虚，更不能耍手段来实现自己不可告人的目的。动机纯正方为真君子，才能得到民众的喜爱和崇拜，君子在"自牧"中不断修正自己的动机。其次是不虚伪，谦虚不能有任何杂质，更不能搞过头了，过了头就是虚伪，它与谦卑格格不入，是小人的做法，非君子所为。

第三，能人更要谦虚。有值得骄傲的地方不骄傲，有值得炫耀的地方不去显摆，这对能人来说是一种更高层次的"自牧"。人们对他的德行和大度的胸怀，会发自内心地敬重，从而能促进自己的事业，实现自己的目标。

世界著名的发明大王爱迪生，晚年变得骄傲自大，甚至对手下说："你们不要向我建议什么，任何高明的建议也超越不了我的思维。"这样他就堵塞了智慧的源泉，丧失了前进的动力。此后，就再也没有什么重大发明问世。

二十八 乐天知命

乐天知命——《周易·系辞上》："乐天知命，故不忧。"意为乐其天然知顺其势，所以心无所忧。后多指顺其自然，安于现状，无非分之想。

豫卦

兑卦

“乐天知命”虽出自《周易·系辞》，但它与豫、兑两卦有直接关系。这两卦都描述了悦乐情操、和乐心境，《周易·系辞》又把两卦的含义进行了提炼和升华，使它有了知天道之法则、知生命之意义的深度。

所谓“乐天”，就是顺其自然，遵从客观规律，同时以乐观的态度对待生活，看待世界。

在“乐天”之前先要“知天”，这里的“天”就是自然环境、客观规律，要努力去认识规律，了解环境。当这种规律被掌握，被彻底认识时，“天”才不会那么神秘，“天意”才不会让人感到变幻莫测。

在“乐天”之前还要“顺天”，就是要按自然规律办事，不能违背它，而要顺从它，遵循宇宙的法则，合于自然。一旦悟透了人生哲理，你就能心胸开阔，人生就是快乐和充实的。

霍金是一个懂得感恩生活和乐观不屈的人。他从小就对自然科学拥有强烈的兴趣，在大学时代（当时还没患病），他就意识到，肯定会有一套能够解释宇宙万物的理论，并陶醉于对其思索之中，把它当作自己的信仰，并具有极强的使命感。

在他21岁得知自己患上了不治之症后，他也消沉过一段时间，极度失望时他做了一个梦，梦见自己努力去帮助一些人。医生当时预测他最多只能活2年，但2年过后情况并不是非常糟糕。后来他又想到了以前曾和自己一个病房的男孩，那个男孩第二天就死去了。他似乎明白了什么，他觉得自己还不算倒霉，不应该就这样放弃，自己17岁就考上剑桥大学，拥有异乎常人的头脑。（之前他就和珍认识，后来他们很快坠入爱河，不久他们结婚了。）

患病后，霍金为了家庭，为了自己的理想，果断地“站了起来”，继续自己的研究。他在个人传记中谈到，他并不认为疾病对他有多大影响，他每天都陶醉在自己的世界之中，努力不去思考自己的疾病。同时，他又努力证明自己能够像常人那样生活！

霍金在生活中，只要能做到的事情决不麻烦别人，他很憎恨别人把自己当作残疾人，他认为就算一个人身体残疾，也决不能让其精神也残疾。霍金的意志力是非常坚定的，同时他又是一个对生活很有主见的人。他对生活永远保持乐观和幽默的态度。在他患病后，曾有6次非常近距离地和死神交手，他都顽强地活了下来。

一次，霍金演讲结束后，一位女记者冲到演讲台前问道：“病魔已将您永远固定在轮椅上，您不认为命运让您失去太多了吗？”霍金的脸上充满了笑意，用他还能活动的3根手指，艰难地叩击键盘后，显示屏上出现了四段文字：“我的手指还能活动；我的大脑还能思考；我有终生追求的理想；我有爱我和我爱的亲人和朋友。”在回答完那个记者的提问后，他又艰难地打出了第五句话：“对了，我还有一颗感恩的心！”现场顿时爆发出雷鸣般的掌声。的确，用霍金自己的话来说，活着就有希望，人永远不能绝望。比大海更广阔的是天空，比天空更广阔的是人的胸怀。即使病魔把霍金关在果壳中，他也是无限空间之王。

霍金的故事告诉我们，每个人都应该成为自己命运的主宰，都应该对生活有自己的主见，拥有自己的梦想，并全力以赴为之奋斗！

所谓“知命”，就是认识自身的情况，明白自己有多少能力，有多大的本事，然后去设定目标，想方设法去实现。

这里的“命”就是自身的状况，自己的实际要与客观实际相结合，要坦然面对艰难险阻，挫折磨难，知命不惧命，主动去改变自己的命运。

孔子用自己的行为诠释了“乐天知命”。有一次，孔子在卫国匡城被匡人包围，孔子依然在屋内弹琴歌唱，神态怡然。子路跑进去见孔子，说：“老师怎么还有闲情弹琴唱歌呢？”孔子说：“仲由，让我来告诉你吧！我想摆脱穷困已经很久，可还是不行，这是时运不济啊！碰上了尧舜那个时代，天下没有失意的人，这并不是人们的智慧高明；碰上了桀纣那个时代，天下没有得意的人，这也并不是人们的智慧低下，是时世造成这样的。知道穷困是命运，通达需要时机。面临灾难而不畏惧，这是圣人的勇气。仲由啊！休息去吧！我是顺天命而行，匡人又能对我如何呢？”

受困的第五天，果然有一位将军前来谢罪，说道：“前几天，我们一直误认为您是曾经带兵骚扰过匡城的阳虎，因此让夫子受委屈了。真是冒昧，请夫子恕罪。”孔子此时终于解围而出。

通过这件事，我们可以看到孔子对天命的恭敬之心、顺从之意，以及知天命而行的乐观豁达。

有一本书中有这样一段话：其实我们每个人都是自己的心理医生，只有自己通过主观努力才能敞开内心，用平和的心态面对生活中的缺憾与苦难。我们不能全然预知明天，但可以充分了解今天；我们不能控制他人，但能好好掌握自己；我们不能决定生命的长度，但可以扩展它的宽度；我们不能改变天生的容貌，但能展现自己的笑容；我们不能要求事事顺利，但可以做到事事尽心。

自古以来，还有这样一句话："生死有命，富贵在天。"如果片面地去理解它，那就过于悲观，陷入"宿命论"的怪圈。所谓"天命"，通俗点说，就是先天条件和环境。比如，你的遗传基因、高矮胖瘦、聪明程度、思维品质等来源于上一代。但是，上述因素有的方面通过自身的努力或外因的作用是可以改变的。如果每个人都只听天由命，那么世界上许多东西就不必存在了，如医院、学校等，许多词句也无用了，如勤奋、努力、拼搏等，更不用自强不息了，人与动物就没有区别了，那会是多么不可思议。

二十九 居高临下

居高临下——《周易·临卦》。从卦象来看，泽上有地，泽卑地高，居高临下。金文“临”像人眼俯视众物，故有居高视下之意。现多形容所处的位置极为有利。

临卦

“临”字在汉语中应用很广，如临危不惧、临危受命、临阵脱逃、临渴掘井、玉树临风、大难临头等。通常“临”是靠近、到达、对着的意思，如临近、面临、濒临等。

临卦的“临”字有大驾光临，贵人来到之意。临又为“君王临事”之意，是上级对下级之象。

临卦每一爻的含义可分为咸临、甘临、至临、知临、敦临。

初九、九二为咸临，“咸”，感也，象征下者感应尊者而临视，以坚守正道而“吉”祥。

六三为甘临，用甜言蜜语的手段去欺骗人民，如果能对这种情况有忧虑，则灾难不会长久。

六四为至临，“至”，下也。亲自向下俯视，了解下属之实情。

六五为知临，大君之宜，吉。以智慧治民，这是君王最适宜的态度，自然吉利。

上六为墩临，“墩”，敦厚也。以敦厚之德临视众人，吉祥无敌害。

从临卦的含义来看，居高临下的“高”，表示君王、权威、贵人、上级、高级管理者等。临卦阐释领导的原则，它给我们的启示有四个：

其一，良机难得不可失。“居高临下”，说明已经处在一个极为有利的位置。此刻，是发挥才能的最佳时机，不能犹豫观望，要抓紧行动，或救国救民，或拯救危亡，或成就事业，因为所居的“高”，不会是长久的，这种良机稍纵即逝。当然，面对良机也要有良策。如果认为已居高位，怎么做都会有好结果，那是非常错误的。要充分利用有利的条件，制定出切实可行的办法，体现出高屋建瓴的才智，方能促进事业的成功。

其二，居高位时要临下。所谓“临下”，就是要亲临实际，深入最底层，接触普通百姓，了解民情，倾听民众呼声，只有这样才能掌握第一手资料，才能摸到实情，才能做出正确的决策。至此，我们对“居高临下”一词的理解更进了一步，“居高”不是高高在上，“临下”不是浅尝辄止，这才是“居高临下”的要义所在。

其三，以德临人方有利。君临天下是极为亨通的，前提是以德为先。

德行决定着临下的方式、观点、立场，有德之临，是对民众百姓的体恤和爱抚，缺德之临，是以威压人，以暴虐民。

天安门前有一对华表，华表的柱头上有一瑞兽，名字叫“犼”（读hǒu）。此兽一只向宫外，一只向宫内，寓意君王不要久居深宫不知人间疾苦，应该经常出宫体察民情，同时还警示君王外出巡视时不要忘了朝政，不要久出不归。

其四，居高不慎将有险。身居高位，无比荣耀，风光无限，世人瞩目。然而如不注重修炼，不施仁政，民众口服而心不服，民众如水，可载舟亦可覆舟。所以居高位时始终要提高警惕，增强忧患意识，保持清醒的头脑，将危险、灾难等降到最低程度。

三十 小惩大诫

小惩大诫——《周易·系辞下》："小人不耻不仁，不畏不义，不见利不劝，不威不惩。小惩而大诫，此小人之福也。《易》曰：'屦校灭趾，无咎。'此之谓也。"现指对小的过错给予惩罚，以警诫不犯大错误。

初九

噬嗑卦

《周易·系辞下》上述这段话中所提到的“屦校灭趾，无咎”出自《噬嗑卦·初九》。意思是脚上带着刑具，磨破了脚趾，但无大的灾难。根据《周易·系辞》和噬嗑卦上下文的分析，小惩大诫这句成语还给了我们更多的思考。

其一，从小惩看大诫。从《周易·系辞》来看，小惩的对象是小人。“小人不耻不仁，不畏不义，不见利不劝，不威不惩。”这段话描述了小人的嘴脸，给小人画了一张赖皮、无耻的画像。这种人德行低下，不知羞耻，不懂仁德；对正理不敬畏，对奉行不道义；没有利益的事就不去做，没有受到威胁就不警惕。对于这种人，给点惩罚是必须的，相当于诫勉。从上面的描述来看，小人的错误已是不小，但是也仅仅给予小惩一下，这个小人有可能是先圣身边的人，一棍子打死舍不得，不给点惩罚又说不过去。最主要的是先圣身边的人，即便是小人也是有一定文化的，犯了错误，给点警示，很快领悟到老师的良苦用心，立即改过自新，并且还能认识到这是自己的福气。“屦校灭趾，无咎。”刑具加在脚趾上，没有受到伤害，就很幸运了。

其二，从小惩看仁义。给小人以小惩，这也是君子的仁德所在。君子认为对小人要做到仁至义尽，要多做善事，才能积德驱邪。君子的仁义是修德所为，是自觉的行动，也真心地希望小人能有所感悟、惩前毖后，达到共同修德、成名成事的目的。然而，历史上有很多忘却恩德、背弃情谊的事例，一类是忘恩负义，一类是以怨报德，还有一类是恩将仇报。在这里不再一一列举，他们作为反面教材，在不断地提醒人们要感恩戴德、饮水思源、知恩图报。

其三，从小惩到大惩。虽然《周易·系辞下》告诫人们要讲仁义道德，对待小人也要以仁为先，以小惩为上，但是也不能一概而论，须区别对待。《周易·系辞下》曰：“善不积不足以成名，恶不积不足以灭身。小人以小善为无益而弗为也，以小恶为无伤而弗去也，故恶积而不可掩，罪大而不可解。《易》曰：‘何校灭耳，凶。’”这段话的意思是，不要以为小善无益于人而不做，积小善为大善，将会成就美名；不要以为小恶不伤人而去做，积小恶为大恶，到不可挽救的程度，就是不可饶恕的罪行，最终被戴上刑具，割去耳朵，遭受大惩。大惩也仅仅是一种手段，它在提醒人们对待小人不能一味心慈手软、宽容放纵，对一些顽固不化的小人要法纪鲜明，敢于用重刑，从“何校灭耳”直至亡其身，方能“身安而国家可保”。

一天晚上，汉文帝做了一个奇怪的梦：梦到自己在艰难地登天，恰在这时，一个船夫模样的人在背后使劲推了他一把，他才顺利地爬上去。他急忙转过身去，看到一张年轻帅气的脸，正要询问此人叫什么名字，不巧，梦醒了。

第二天，汉文帝去皇家林苑的人工湖上游玩泛舟。发现船头上一个穿黄衣服的船夫，那身材、长相、装束竟跟梦中人一模一样。汉文帝得知船夫名叫邓通。于是，汉文帝不仅赏赐了许多金银珠宝给邓通，还提拔他做了大夫。后来干脆把邓通招进内宫，收其成男宠。二人经常同食同睡，亲密异常。

有一天，有个精通相术的方士来拜见汉文帝，邓通也在，于是汉文帝便命此人给邓通看看相，预测一下他未来的命运。这个方士端详了邓通半天之后，忧心忡忡地说：“陛下，邓大人的面相很富贵，但结局不太好。如果我没看错的话，他最终可能会饿死。”汉文帝闻听此言，立时捧腹大笑：“整个江山都是我的，有我庇护着他，他能饿死?”

不过，汉文帝因此受到了启发。既然方士说邓通将来会饿死，我就偏偏要让他大富大贵，锦衣玉食。皇上竟然要赏赐给邓通一座铜矿山，让他自己采矿，自己铸钱。这样一来，邓通就永远有钱花，永远不可能饿死了。

人们以为，相面术士的预言要落空。可就在这个时候，一直宠着邓通的汉文帝驾崩了，他的儿子继承了皇位。新皇上对邓通没有好感，相反还十分憎恶他。不久，新皇上就以“私开矿山，滥铸货币”为由治了邓通的罪，还派人把邓通的家抄了个底朝天，没给他留下一个铜板。

昔日的亿万富翁顷刻间变成一文不名的穷光蛋。多年的富足生活使邓通连当年驾船的傍身之技也丢了，沦落成长安城里的一个乞丐。走投无路的邓通，最终饿死在了长安城的官道旁，正应了当年方士的预言。

其四，从被动受罚到主动改过。“人非圣贤，孰能无过。”每个人都有犯错的时候，关键是改还是不改，快改还是慢改，大改还是小改，真改还是假改。如果你愿意做小人，甚至是无耻的小人，那就放任自流、得过且过、不思进取、无德无能，长久以往灾祸将不期而至。如果你想要做一个君子，就要正确对待自己所犯的错误。首先是要主动知错，及时发现自己的过失，明白错在哪里。其次是发自内心地去改正，敢于剖析自己，敢于对自己不留情面。这样的一个过程，就是修德的过程。人的才德不是短时间得到的，需要一个长期的过程，要靠时间的考验，靠生活的历练，才能达到才高德厚的境地，才能担负起齐家治国的重任。

还有一种人离圣贤很近，在《周易·系辞下》中孔子对这种人有较全面的描述。孔子说，能够知晓变化的苗头，算是达到神妙境界了吧？君子与在上的人交往不谄媚，与在下的人交往不轻慢，可以说是知晓变化的苗头吧，一天都不能等。孔子还说，君子既知微又知彰，既知柔又知刚，必然能得到万民的仰望。要能全面、完整地做到上面所述，那简直就快成圣贤了，但这种人少之又少，孔子在诸多弟子中也只表扬过颜回，可见修德的过程是非常艰难的。但不管怎样，仁德之志是君子所追求的目标，有德才能行天下，有德才能助成功。

三十一 无妄之灾

无妄之灾——《周易·无妄卦》六三：“无妄之灾，或系之牛，行人之得，邑人之灾。”《象》曰：“行人得牛，邑人灾也。”意为有人将牛系在不该系的地方，行人顺手牵走，获得意外之得，而邑人因失牛而遭受意外之灾。现指意想不到的灾祸。

无妄卦

“无妄”就是不妄为、不乱动。无妄卦的卦象十分吉利，前提是必须坚守正道，每个人都想着尽可能避免无妄之灾，要真正做到这一点，以下几个方面须引起高度重视。

其一，无妄是顺应天道。无妄卦上卦为乾，乾为天为刚为健，下卦为震，震为雷为刚为动。天在上，雷为下，不须多说，卦象已告诉人们“天”高高在上，“雷”紧跟在下，在天雷面前你敢乱说乱动吗？一旦你胆大妄为、轻举妄动，做出有违天意的事情，那将会电闪雷鸣、天雷劈击。古人认为，天，无所不知；雷，无所不摧。天，象征一种至高无上的权力，具有洞察世间万事万物的超凡能力，你要与天作对，那绝对是妄为、妄动，最终落得天打五雷轰、自取灭亡的下场。雷，象征自然界最具威慑力的一种巨大力量，令人十分恐惧，用它来惩恶扬善，有违天意者将无处隐形。闪电将恶人照亮现形，响雷将坏人劈击，使天下众生望而却步，无妄动之想，平安一生。

其二，要避免自己招祸。无妄卦六三：“无妄之灾，或系之牛，行人得之，邑人之灾。”它最重要的是讲了一个道理，就是自己不小心，将牛拴在了一个不恰当的地方，结果被别人牵走，使自己受了损失，变成灾祸。同时也说明，所谓无妄之灾，往往是自己招来的。看似“无妄”，实为“有妄”。拿拴牛这件事来说，邑人为了方便，将牛随手一系，属于妄为，自己没有想到是妄为，表面上看是无妄之灾，实则为有妄之祸。或许有人会问，一头牛的丢失就算灾吗？诸位，在古代一头牛是一笔相当大的财富，甚至是全家唯一的财产。由此可见，一头牛的丢失确实够得上灾祸。

西周的周厉王是个出名的暴君。他搜刮人民的财物，随便杀人，什么好话也听不进去。人民反对他，经常公开批评他。大臣召穆公好几次劝周厉王好好对待百姓，可每次一提，周厉王就把头扭过去，根本不听。

不仅如此，周厉王还特别恨反对他的人，专门找来一个巫师，让这个巫师到各地调查，发现有人议论他，就立刻逮起来处死。

这么一来，公开反对周厉王的人果然没有了。

周厉王得意极了，对召穆公说：“你还劝我什么呢？现在再没人说我的坏话了。天下太平无事啦！”

召穆公摇着头说："这是一种假象。这不是真正的太平。"

周厉王瞪起眼睛说："这是什么话？"

召穆公说："您不让百姓说话，就像不让河水流一样危险呢！大河堵住了，水就要泛滥成灾。要治河只有用疏导的办法，让水痛痛快快地流走才行。对百姓也是这样，应该让大家把话说出来，充分倾听民意，再把事办好，才能得民心、得天下。"

周厉王不高兴，又问了一句："你是说我做得不对吗？"

召穆公点点头说："现在表面上百姓们不敢说话，可火儿都憋在心里，早晚会发泄出来。那时候，非出大乱子不可！"

对召穆公的劝谏，周厉王就是听不进去。他还像从前一样，对反对自己的人不是逮就是杀。两年多以后，老百姓终于忍耐不住了，一连十，十连百，联合起来反对周厉王。大家拿起刀枪棍棒，打到王宫外面，要惩罚周厉王，连军队也抵挡不住。

这回，周厉王急得一点办法也没有。最后他被老百姓赶出国都，流放到边远地方去了。

要是他当初听召穆公那很有预见的话，何至于落到这样的下场呢！

其三，不妄为方能成事。古往今来，事业成功者都能顺从天意，不妄动，不乱动。所谓"天意"，就是客观规律。你的一切行动都要依据事物的客观规律去办事，才能获得成功。否则，就是违背天意，最终将遭受惩罚。如果有违天意的事太多，则将遭受灭顶之灾。坚守无妄之义，遵循正道，就能避免无妄之灾。

其四，奢望是灾祸之源。从以上分析来看，妄为是一种行为，奢望是一种想法，但往往会化为行动，化为自作主张、自以为是的行动，这种行动是不顾客观、只顾自己、有违天意的，更不能去做。

如果进一步去分析，还会发现随手系牛而丢失，不仅是个人的损失，还会殃及邻里乡亲。是谁把牛牵走了？是谁偷了牛？大家都成了怀疑对象，变成偷牛嫌疑人，相互猜疑、相互指责。原有邻里和睦、静谧自怡的氛围被打破，弄得鸡飞狗叫、人人自危，真正变成无妄之灾，那是多么可怕的情形啊！

三十二 颐养天年

颐养天年——《周易·颐卦》："颐：贞吉。观颐，自求口实。"《象》曰："颐，贞吉，养正则吉也。观颐，观其所养也。自求口实，观其自养也。天地养万物，圣人养贤以及万民。颐之时大矣哉！"现指保养年寿，安享晚年。

颐卦

颐，就是养，颐养具有普遍的意义；天年，就是人的自然年寿。颐养天年，就是通过正确的养生方式，达到人的自然年寿。

这里的“养”，已不仅仅是为满足生存的纯粹生理行为，而延伸为养德，养精气神，治育之意。

颐卦的六爻大意都是在强调“养己”“养人”“养天下”的“颐养”盛德，这也是颐卦所要表达的真实含义。

养己，要坚持养体与养心的统一。看见美食忍不住大快朵颐，这是人的天性，毕竟民以食为天。但要做到养体，就要自觉克制贪欲，只有不为美食所动，才能做到不贪食，不偏食。《周易·颐卦·象》曰：“山下有雷，颐。君子以慎言语，节饮食。”强调了言语谨慎、饮食节制的重要性。在注重养体的同时还要坚持养心，要保持修炼自身的元气，因为精气神为人所自有，故只能自求而不必他寻。

颐养精气神，与吃什么、喝什么关系不大，很大程度上是心境的调养，好的状态是养出来的。有的女人平时吃喝无特别之处，但是长期注重调养身心，固本正气，到五六十岁甚至更大年龄，仍青春靓丽，精神焕发，整个形象和气质可与年轻姑娘媲美。自古以来，人们为了追求长生不老，绞尽脑汁，四处寻找仙丹妙药，全都无功而返。最典型的例子就是秦始皇派人渡海寻仙草，其结果世人皆知。其实如果秦始皇不去追求那些虚无缥缈的东西，把心思用在修身养性上，说不定还真能延年益寿。

当然，颐卦所说的“养己”，不仅讲生命长短的问题，还包含如何修德、养正、律己等，这也是养己的应有之义。

养人，要行养育之道。这里的养育，是指培养人才，养育能人。“天地养万物，圣人养贤以及万民。”

一个团队需要人才，一个国家需要贤臣志士，着力去培养他们尽快成才，事业才能成功，国家才能发展前进，这样的颐养才能顺应时代，是大的贡献。

在行养育之道的时候，还要注意培育的是君子还是小人。耗费大量心血、毕生精力，若培养出一个颐指气使、专横跋扈、玩弄权术、祸国殃民的小人，只能悔恨终身。古往今来，此种事例不胜枚举，如宋朝的秦桧、清朝的和珅等。由此可见，养人亦是养己，要培养一个德才兼备的人，首先自己要修德育才，自己德高才不会错看缺德的人，自己才高才不会错用无才之人。

在这里我们不妨重温一下“伯乐相马”的故事。

有一次，伯乐受楚王的委托，寻找能日行千里的骏马。

伯乐跑了好几个国家也没有发现中意的良马。一天，伯乐从齐国返回，在路上，看到一匹马拉着盐车，很吃力地在陡坡上行进。伯乐对驾车的人说：“这匹马在疆场上驰骋，任何马都比不过它，但用来拉车，它却不如普通的马。你还是把它卖给我吧。”

驾车人认为伯乐是个蠢货，他觉得这匹马太普通了，拉车没气力，骨瘦如柴，便毫不犹豫地同意了。伯乐牵走千里马，直奔楚国。

伯乐牵马来到楚王宫，指着马说：“大王，我把千里马给您带来了，请仔细观看。”楚王一见伯乐牵的马瘦得不成样子，认为伯乐愚弄他，有点不高兴，说：“我相信你会看马，才让你买马，可你买的是什么马呀，这马连走路都很困难，能上战场吗？”伯乐说：“这确实是千里马，不过拉了一段车，又喂养不精心，所以看起来很瘦，只要精心喂养，不出半个月，一定会恢复体力。”楚王一听，半信半疑，便让马夫尽心尽力把马喂好。果然，马变得精壮神骏。楚王跨马扬鞭不知不觉已跑出百里之外。后来千里马为楚王驰骋沙场，立下不少功劳。

伯乐能相中千里马，首要的是他有很高的品德修养。要不然，即使千里马在跟前也会漠然置之，毫无感觉，机遇就会擦肩而过。

伯乐相马的故事，使得后人有更多的感慨：千里马常有，伯乐不常有。

养天下，要颐养万民。颐卦认为，天地养万物是无私的，每时每刻，自然而然对万物滋养。圣人君子要遵循天地养万物之道而颐养贤能，颐养道德，乃至颐养万邦万民。广大民众是国家之根基，水可载舟亦可覆舟，养民就是治国、兴国、强国。把颐养之义从养生、养贤、养民逐步升华到民之幸福，国之安定，就是行君子之正道。

中国历史上的有道明君唐太宗李世民就以仁爱治国著称。贞观初年，唐太宗对大臣们说，将妇女幽禁在深宫中是浪费百姓的财力，因此他先后将3000多名宫女遣送回家，任由其选择丈夫结婚。

贞观二年（628年），关中一带因干旱而发生大饥荒。唐太宗对大臣们说："水旱不调，都是国君的罪过。我德行不好，上天应该责罚我，百姓有什么罪过，要遭受如此的艰难窘迫？听说有人卖儿卖女，我很可怜他们。"于是，派御史大夫杜淹前去巡查，还拿出皇家府库的钱财赎回那些被卖的儿女，送还给他们的父母。

贞观十九年（645年），唐太宗征伐高丽，驻扎在定州。唐太宗驾临城北门楼安抚慰劳将士。有一个士兵生病，不能觐见，唐太宗下诏派人到他床前，询问他的病痛，又敕令州县为他治疗。因此将士都高兴地愿意随从太宗出征。等大军回师，驻扎在柳城时，唐太宗又诏令收集阵亡将士的骸骨，设置牛、羊、猪三牲为他们祭祀。唐太宗亲自驾临，为死者哭泣尽哀，军中将士无不洒泪哭泣。观看祭祀的士兵回到家里说起这件事，他们的父母说："我们的儿子战死，天子为他哭泣，死而无憾了。"

正是因为唐太宗以仁爱治国，示范官吏，所以深得民心，这无疑为唐朝的繁荣富强奠定了基础。

三十三 大快朵颐

大快朵颐——《周易·颐卦》初九：“舍尔灵龟，观我朵颐，凶。”象曰：“观我朵颐，亦不足贵也。”此处“颐”为脸颊，“朵”为动的意思，“朵颐”指动腮帮进食。现在用“大快朵颐”专门形容尽情享受美食，大饱口福。

初九

颐卦

《周易·颐·初九》这句话字面意思为，拥有保佑你长寿不老的灵龟，看见我吃东西，竟还嘴馋，太贪心终有凶险。《周易·象》说，羡慕、嫉妒别人，这不是高尚的行为。

饮食是人类生存的第一要素。自古以来，人们意识到，有食物才能生存，有食物生命才能延续。人类对“吃”的重视，已经到了无以复加的程度，尤其在中国，不知从什么时候开始，以吃为核心的问候语早已深入人心，显得特别自然妥帖。一见面，“吃了吗”短短三个字饱含着亲切和祝福，表达着一种发自内心的关怀。他国有人说中国人较为含蓄，不太直率，涉及性命攸关的事，国人却毫不含糊。见面时既不握手，也不拥抱，“吃了吗”一句问候深刻诠释了“民以食为天”的内在含义。尽管现在的“吃”基本不是为了解决温饱，更不是处于“吃了上顿没下顿”的年代，但“大快朵颐”地享受美味，品尝美食，也体现人们生活的快乐和幸福。

“大快朵颐”只能用于形容吃东西，而不能用来形容心情和其他快乐的事情，否则，会贻笑大方，洋相尽出。

然而，颐卦所要表达的真实意图并非在于朵颐的“大快”或“不快”，而是在借“吃”来喻做人之道。

首先，吃中有德。

我的一位朋友讲了他的故事：

几十年前的一天，与一位朋友吃饭，恰好父亲来看我，我便把父亲接来一起吃。父亲是一个寡言之人，吃饭期间一直静静地听我们聊天，很少插话。回家的路上，父亲说：“你这个朋友不可深交。”我愕然，问道：“爸，怎么了？”这个朋友是因工作业务认识的，我与他合作过几次，对他印象不错。父亲说：“虽然我对他不甚了解，但从吃相看基本可以估摸出他是个怎样的人。”算起来，这是我与朋友第二次在一起吃饭，我对他的吃相没怎么在意。“我注意过他夹菜的习惯性动作，他总是用筷子把盘子底部的菜翻上来，划拉几下才夹起菜，对喜欢吃的菜更是反复地夹，好比把筷子当成锅铲，在盘子里重新炒了一次。”我不以为然：“每个人习惯不同，有的人喜欢细嚼慢咽，有的人喜欢狼吞虎咽，不可苛求。”父亲摇摇头说：“如果一个生活窘迫的人面对一盘盘美味佳肴，吃相不雅可以理解，可你这个朋友是生意之人，物质生活并不困苦，如此吃相只能说明他是个自私、狭隘之人。面对一盘菜，他丝毫不顾及别人的感受，用筷子在盘子里翻来覆去地夹。如果面对的是利益诱惑，他一定会不择手段地占为己有。”

接着，父亲讲起他小时候的故事。父亲小时候，家中困苦贫穷，生活极为窘迫，常常食不果腹。有时去亲戚家做客，奶奶会提前反复叮嘱：“儿啊，吃饭时一定要注意吃相，不能独自霸占自己喜欢吃的菜，那会被人耻笑的。我们家虽然穷，但不能失了礼节。”奶奶的话，父亲铭记于心，即使面对满桌美味佳肴，他也不会失态，总能控制有度。

末了，父亲意味深长地说：“不要小瞧一双筷子，从一个细节可以看出拿筷子者的修为和人品。”后来发生的一件事印证了父亲的话，为了一点蝇头小利，那位朋友果然舍义而去。由此可见，一个人的吃相反映出他的德行，看似是小节，实则为大事。

其次，贪食者凶。

颐卦开宗明义就指出这一点，《周易·颐卦》初九：“舍尔灵龟，观我朵颐，凶。”表面上说的是饮食问题，深层次讲的是一个人面对财物的德行，自己已经拥有宝物，却还觊觎别人的财产。从这一点引申开来，就是在事业发展中，在人生道路上，不是脚踏实地，埋头苦干，而是看到别人荣华富贵，便不择手段去获取不应得的财富或荣耀，将不会有好结果。

从前有一个很穷的人救了一条蛇的命，蛇为了报答他的救命之恩，于是就让这个人提出要求，满足他的愿望，后来这个人慢慢地贪欲生起，要求做官，蛇也满足了他。一直到他做了宰相，还不满足，要求做皇帝。蛇此时终于明了，人的贪心是永无止境的，于是一口就把这个人吞吃掉了。蛇吞掉的是宰相，而不是大象。故此，留下了“人心不足蛇吞相”的典故，后演变成“人心不足蛇吞象”。

三十四

虎视眈眈

虎视眈眈——《周易·颐卦》六四：“虎视眈眈，其欲逐逐。”原意是为颐养他人，先求人养己，即便像老虎一样专一注视某物并相继不断，那也没有什么过错。后人用来形容像老虎那样凶狠地盯着，心怀不善，伺机攫取。

六四

颐卦

《周易·颐卦》六四爻全文："颠颐，吉，虎视眈眈，其欲逐逐，无咎。"本来是由臣子颐养天子，但反过来由君王颐养臣子，吉祥。即使虎视眈眈地盯着，跃跃欲试也无过错。

"虎视眈眈"一词在《易经》中原本无贬义，只是形容一个人的欲望非常强烈，像老虎面对猎物那样紧盯不放，并没有居心不良之意，属中性词。由于动机不是去做坏事，所以结果是"无咎"——无灾无祸。经过历史演变，变为成语之后，它的意思有所变化，多含贬义了。

我们学习颐卦，在研究"虎视眈眈"一词时会产生更多的思考，有更多的启发。

其一，如果要虎视眈眈地过日子，那将是一种灾难。设想一下这么几种情形，为了吃饱肚子，经常窥视人家碗里的食物，要像老虎一样去争夺食物；为了一官半职，要像老虎一样两只眼睛透着凶光盯着职场；为了生意，还要像老虎一样巧取豪夺，做出饿虎扑食的样子。久而久之，这个世界上的人都会变成一头头猛兽，那将是一个弱肉强食、互相倾轧的世界，人类社会将面临灭顶之灾。

其二，如果被人虎视眈眈地盯着过日子，那将是一种煎熬。你本来生活和学习、工作很正常、很平静，有人却常死死盯住你，伺机攫取你的财产，抢夺你的岗位，甚至想谋财害命，你会有一种什么样的感觉呢？你总觉得背后有一个人站在那里，伸出一双黑手，随时要把自己推下悬崖。每天紧张兮兮、提心吊胆，日子能过得下去吗？最后或忍气逃离，或精神失常，或成为另一只凶残的老虎。

其三，为人处世要少一点虎视眈眈，多一点温柔真情。人类社会发展到当今文明时代，有一个很重要的因素，就是人与人之间能够做到和睦相处、互利互惠、团结克难、互帮互助，尽管有不和谐的地方，但推动文明社会向前发展是人们的共同愿望。作为社会的一分子，我们要努力去创造和谐的环境，营造和睦友好的氛围。"只要人人都献出一点爱，世界将变成美好的人间。"

其四，克制欲望，杜绝贪婪。欲望和贪婪几乎是人的天性，在任何时候都要下意识地克制，不能让它自由膨胀。

从前有一位农夫，一次上山砍柴，在悬崖边救了一个翅膀受伤的天使。天使的翅膀痊愈之后，她告诉农夫自己是上帝派到人间的，因为心地善良的农夫救了自己，所以可以满足他任何三个愿望。

农夫喜出望外，回到家中把这个好消息告诉妻子。妻子是一个精明能干的女人，她让农夫告诉天使，他们需要整整一屋子金银珠宝。当看到整屋子都堆满璀璨夺目的珠宝时，夫妻两人吃惊得连嘴巴都合不拢了。但是他们仍然感到不满足，告诉天使他们还想得到一望无际的良田，天使同样满足了他们的愿望，并且告诉他们只剩下一个愿望能够满足了。

农夫和妻子一边躺在属于自己的万顷良田之上，一边想应该怎样充分利用这最后的一个愿望。最后，还是精明的妻子有一个好想法。当再次见到天使时，农夫就按照妻子教给自己的话向天使表达了第三个愿望："我们希望以后要什么就有什么。"等到他说完这句话，他突然看到自己家中所有金银珠宝都没有了，而且万顷良田变回原来的荒山野岭。

"为什么会这样？"农夫和妻子气愤地问天使。天使告诉他们："人的欲望会不断膨胀，当膨胀到极点时就会毁灭人心。你们丝毫不控制自己的欲望，还想令自己的欲望全部得到满足，这只会使你们变得更加疯狂直至最终被欲望毁灭，看在农夫救过我的份上，我必须在你们被欲望毁灭之前先把你们挽救回来。"

这个故事告诉人们，如果虎视眈眈地去满足自己永远填不满的欲壑，最终会加快自己的毁灭。所以要牢牢记住，不要让那些不合理的欲望吞噬你的真善美，也不要让无限膨胀的欲望磨蚀掉你的智慧。

三十五 突如其来

突如其来——《周易·离卦》九四：“突如其来如，焚如，死如，弃如。”《象》曰：“突如其来如，无所容也。”后多指突然来到或发生。

离卦

先圣认为，世界上有很多“突如其来”的事情发生，而这种突然来到或发生的事情似乎超出人们的预想、预料。大致有这么几种“突如”：

一是纯属偶然。它的发生没有任何先兆，发生的时间没有任何规律可循。这就是人们所说的“黑天鹅现象”。

二是麻痹大意。事先已知存在隐患或危险，但认为其不成气候，掀不起大浪，对其视而不见，听之任之，最终导致灾祸来临。这是人们说的“灰犀牛现象”。

三是意料之外。虽然想到会有“突如”之事发生，想了许多预防“突如”的措施，也做了很多的预案，防止了某个“突如”的发生，但又有另一个“突如”冒了出来。

第二次世界大战期间，法西斯德国著名战将“沙漠之狐”隆美尔被蒙哥马利元帅率领的英国军队打得节节败退。隆美尔为挽回败局，决定由得力干将希姆率领一支德军精锐部队穿越非洲原始丛林，直插英军后方。

隆美尔参谋部所有人员坚决反对，因为非洲原始丛林历来无人敢于涉足。丛林中蛇虫遍地，野兽众多，犹如一口巨大的陷阱，派兵进入无异于自寻死路。但希姆不肯相信，力排众议，请缨而往。在做好各种准备工作后，他率领精心挑选的1800名士兵，踏入原始丛林。

三天来，除了几十名士兵死于或伤于青蛇、野兽的袭击，军队并无太大损失，这自然得益于充足的准备工作及非洲土著向导的功劳。

正在希姆睡得很香甜时，组织严谨、无坚不摧的蚂蚁大军正以楔形队列向他们逼近。蚂蚁王国严谨完整的组织结构不比人类社会逊色。工蚁担当楔形前端的先锋角色，兵蚁是主力兵团，蚁后居中调度指挥，两翼是最强劲的食肉成蚁，弱小老瘦的蚂蚁们位于最后。它们长途跋涉，浩浩荡荡向希姆和他的部队推进。

大大小小的蚁团极有耐心地朝着这些人缓缓漂移，靠近，散开。贴近湖面的蚂蚁很快葬身湖底，而其他同类则涌上人的身体，带毒刺的蚂蚁凶狠地咬住人的手、胸、颈部、面频……浓烈的蚁酸和蚁毒注入人的躯体内。当成百上千毒刺猛地刺入希姆躯体时，他的惨叫声比他的士兵们更加刺耳，也更加绝望和肆无忌惮。尖叫过后，一片寂静。希姆沉入湖水，几名特种兵也相继消失。

在预定时间，隆美尔没有收到他的爱将希姆发出的无线电波，尔后也没有再接收到任何信号。大惑不解的隆美尔派出另一支部队深入丛林，终于在一个不知名的湖边搜集到1764具骷髅。出发的1801人共有37人下落不明。德国人终于明白：希姆和他的部队毁灭于非洲黑刺大腭蚁。

这个“突如其来”的情况，最终使得德军全军覆没。

从离卦的卦象及卦辞和爻辞的描述来看，“突如其来”的是指祸害或灾难，因此防止“突如”的发生就成了十分重要的事。如何防止，大抵有以下的方法：

其一，要能“预”。就是要在思想中牢固树立居安思危、防范风险的意识。在人的一生中，不可能总是风调雨顺，不可避免地会遇到意想不到、突如其来的事情，虽然我们不知道意外具体是什么、会何时降临，但只要我们能防患于未然、未雨绸缪，危机到来时就不至于措手不及。

思想上筑起了一道防“突如”的防线，对还没有来临的危险保持高度敏感，做好必要的准备，风险就会降到最低。

其二，要有“策”。光是思想上重视，对于防“突如”来说，还远远不够，必须有应对的方法，这些办法对于风险的防范至关重要。如何防范才能有效果，既要讲战略，更要讲战术。把每一个应对“突如”的对策细化成可操作的措施，让它成为一道防控风险的屏障。

其三，要给“力”。这里所说的力，就是在硬件上的投入。比如，发现门锁安全系数低，那就抓紧换一把安全系数更高的锁；公司的消防设备有隐患，就赶紧进行设备设施改造；感觉到身体不舒服，及时上医院检查，不可大意。所谓的给“力”，就是在金钱、时间、精力等方面不吝啬、不抠门。这样，即便发生“突如”之事，也不会是大“突如”，“其”来了也能应对自如，化险为夷。

离为火，有燃烧、明亮之意。九四爻更是象征草木被包围燃烧，暗示人生在世不可过于霸气，注定得不到的东西不可强求，强行索要那将会适得其反，只有顺势而为，等待时机，方能最终获得吉祥。

前面我们重点分析了对“突如”的防范，当“突如”发生了，如何去应对、去化解？如何把损失降到最低，把不良影响降到最小？这同样是一个非常重要的问题。

三十六 殊途同归

殊途同归——《周易·系辞下》：“天下何思何虑？天下同归而殊途，一致而百虑，天下何思何虑？”原意为：天下的事情何必思索，何必忧虑？天下的事情，途径虽殊异，其归宿则相同；意见虽千百，其结果则同一，又何必过多思虑呢？后指走不同的途径，到达同一目的地。

咸卦

“殊途同归”一词虽然出自《周易·系辞下》，但它的源头是《周易》咸卦，咸卦九四的爻辞：“贞吉，悔亡。憧憧往来，朋从尔思。”孔子在《周易·系辞下》中说出了“天下同归而殊途”的道理。“憧憧”，往来不定，摇曳不定。虽然犹豫不决，但最后大家还是顺从了你的想法，走到同一条路上了。

还有一种情况，就是大家不约而同，用不同的方法去实现同一个目标。

有位作家老来得女，非常宠爱女儿。在女儿1岁多时，他因为工作不得不离家好几个月。

临行前，作家找了一张自己的正面照片，放大后挂在卧室里，然后一再叮嘱妻子：“女儿这么小，肯定对我没什么记忆。我走之后，你有空就给她看看我的照片，免得她把我忘记。”

作家依依不舍地离开了妻女，每次打电话回去，也都要追问一句：“有没有经常给女儿看我的照片？”每次，他都要得到肯定的答复才会满意。

一个月后，作家又打电话回家，照例是老生常谈。妻子说：“这段时间，多亏婆婆来帮忙照顾我们，她马上要回老家去，临走时她却做了与你截然不同的事情。”

“哦，什么事？”

妻子回答：“她说，还没离开宝宝，就开始想念宝宝了，心里好难过。宝宝还不会说话，但她心里也一定会想我，会难过！所以让我千万不要在宝宝面前提起她，让宝宝忘记她，免得也伤心。”

作家听了，心里一阵感慨。当我们爱一个人、想一个人的时候，总希望对方也一样想我们。岂知还有一种爱居然是：忘了我，免得和我一样承受相思之苦。虽然表现方式截然不同，但是最后都归结到一个“爱”字。

“殊途同归”，还揭示了一个很重要的道理，就是只要达到同样的目标，就不拘泥于一种方法，更不强调只用一种方法。所以，在想问题、办事情的时候，要善于开动脑筋，主动创新。一个团队尤其要充分发挥每一个人的聪明才智，充分调动每一个人的主动性、创造性。有的领导者热衷于‘一刀切”，喜欢统一口令，齐步走，导致团队死气沉沉，扼杀人的主观能动性，结果令团队停滞不前。

“殊途同归”，告诉我们天下的事物形成、发展是有一套规律的。“天下同归而殊途，一致而百虑，天下何思何虑？”千思百虑，不如遵循客观规律。只要按客观规律去做，即使想法、路径不同，也能到达目的地。西方古代有一句谚语“条条大路通罗马”，它与“殊途同归”有异曲同工之妙，说明东、西方的人们对这个道理的认识可谓不约而同、不谋而合。

殊途同归是一个中性词，既可形容正面有积极意义的人与事，也可描述负面有消极作用的人与事。如不注重德行修养、提升自身素质或逆潮流而动，违背历史发展规律，不论在何处、干什么，终将会被历史淘汰，被社会抛弃，下场是一样的。因此，我们所提倡和追求的是正能量的殊途同归，是在为实现理想和贡献社会的过程中用不同方式发挥作用的殊途同归。

其实，纵观咸卦，说的是一件很简单、很普通的事情，那就是男女情爱之事。咸卦上卦为兑，兑为泽，为阴；下卦为艮，艮为山，为阳。上阴下阳，阴阳交会，万物亨通。比喻男女感悦，融融共处。

我们可以逐一来看一看咸卦各爻的部分爻辞：

初六：咸其拇（大脚趾）。

六二：咸其腓（小腿）。

九三：咸其股（大腿）。

九四：憧憧往来，朋从尔思。

九五：咸其脢（背脊）。

上六：咸其辅，颊，舌（腮帮、脸颊、舌头）。

这是一种怎样的意境呢？应该是描述男女欢爱之中相互抚摸、共叙爱慕之情的过程。历朝历代的易学家们对此意境似乎视而不见，或话说一半，或欲言又止，“犹抱琵琶半遮面”，不愿捅破这层窗户纸。先圣用男女交感过程，寓意天下之事，从初六到上六，每一个阶段的描写都暗含感应天地而万物生化之意。

孔圣人及其弟子将咸卦的含义上升到一个新高度，总结出男欢女爱的普遍规律——“殊途同归”。因为男欢女爱的最后结果是生儿育女，传宗接代，而不论过程多么长久和复杂。宇宙中万事万物看似无比杂乱、千头万绪，最后总能归于一处，这就是“天下何思何虑？天下同归而殊途，一致而百虑，天下何思何虑”。孔子把男女之事扩展至天下之事，且运用自如，可谓殊途同归、美妙至极。这样一种提炼归纳，体现出无限想象的思维和高瞻远瞩的大智慧。

三十七 穷神知化

穷神知化——《周易·系辞下》："穷神知化，德之盛也。"出自《周易·系辞下》第五章的第一节，这一节主要是对咸卦九四爻的释义。这句话的意思是，穷尽智慧去探究事物的道理和认识事物的变化，就是最大的德行了。穷神知化，现指探究事物的精微道理。

咸卦

"穷神知化"这四个字，有一种韵味，散发出一股远古的气息，给人一种神秘感、超自然感。"穷神知化"的每一个字都饱含深刻意义，而这四个字如此巧妙地搭配在一起，完整、精确地表达出所要体现的意思，不得不佩服先圣运用文字的高超能力。

穷，就是穷尽、全力，毫无保留。先圣似乎对"穷"字情有独钟，许多地方都用过"穷"字，仔细一想，要形容描述"用尽全部之力"，还只有"穷"字更合适、准确一些。穷，是要求人们始终保持的状态，是始终坚守的意志和始终弘扬的精神。

神，在这个成语中至少有两层意思：一是指事物的奥秘、本质和事物变化的规律；二是指君子的聪明才智。要把上述两层意思都概括完整，也只有"神"字有这个能力，它描述出一个惟妙惟肖、出神入化的绝妙境界。

化，一是指事物的变化，二是指人与自然规律的融化、融入。所谓"知化"就是真正掌握了事物发展的规律，明白了其中的奥秘。

"穷神知化，德之盛也。"《周易》始终强调"德"的重要性，把穷尽智慧去探究事物的道理当作最高的德行，也充分说明了明事理是修德的头等大事。

我们明白了"穷神知化"的意思是远远不够的，真正要做到穷神知化还须从以下三个方面努力：

首先，要真正做到"穷"。承上述分析，这里的"穷"不是去做一个穷人，更不是贫困潦倒，而是要穷尽自己的智慧和力量去探究事物神妙的变化。现实生活中往往有这样一种人，嘴上有很多豪言壮语，目标也设定得无比辉煌，但就是不想"穷"，不愿"穷"，不敢"穷"。因为"穷"的要求，看上去很简单，要真正做到、做好却不容易。"穷尽"的过程是一个艰苦的过程，甚至要脱胎换骨，所以有些人会畏缩不前，浅尝辄止。这种人永远悟不到事物的真谛，德行也只能停留在一个低层次上，事业也不可能成功。

其次，要真正明白"神"。先圣把事物变化的奥秘上升到"神"的高度，足见它的重要性和先圣对它深深的敬意。作为君子，光有对"神"的崇敬是远远不够的，还要真正了解哪里有“神”，哪些是“神”。所谓“哪里有神”，就是事物将在何时、何地发生变化，变化后事物发展的趋势如何。所谓“哪些是神”，就是我们通常所说的事物的主要矛盾，抓住了事物的主要矛盾，困惑或问题才能迎刃而解，才能掌握事物发展的规律，看清它的本质，探明它的奥秘。

第三，要真正被“点化”。所谓“点化”，就是在探索事物奥秘的过程中头脑开窍、悟性提高。那么谁来点化？民间流传下来的说法是，某人遇到神仙经点化而成仙，这仅仅是一种传说。真正要得到点化，那个神仙就是自己。通过刻苦的学习、锲而不舍的追求，加上外因的帮助，就会与自然融合，探寻到事物的神奇奥秘。“穷神”是手段，“知化”才是目的。

“穷神知化，德之盛也。”纵观此节阐述，对“穷神知化”的理解，似乎还有更深的含义。

《周易·系辞下》引用咸卦九四爻辞曰：“憧憧往来，朋从尔思。”“憧憧”，动心貌。朋友往来不绝，都顺从你的意旨。接着借“子曰”来引申和发挥“憧憧往来，朋从尔思”的意义，强调天下万事万思均将殊途同归；日升日落、斗转星移、春夏秋冬均为永恒规律；自然界的生物该屈就屈，该伸就伸，该伏就伏，该出则出，生命安然。

规律是无情的，违反自然规律，当然会遭受自然的惩罚，甚至将付出沉重的代价。

一群人在海边游玩时看见这样一幕，一只小海龟从沙滩的洞穴爬向大海的途中，遭遇海鸟的袭击，小海龟急忙掉头往回爬。有一人出于“好心”，抱起小海龟把它放到海里，殊不知，第一只爬出来的海龟是探路的哨兵，一旦发现有危险它就回去报信。人们出于好心帮了这只小海龟，却害惨了整个海龟群。别的小海龟见哨兵没回来，以为外面安全了统统往外爬，结果引来大群海鸟，海龟成为海鸟的丰盛大餐。

君子通过“穷神知化”，会变得聪明起来，不会有无谓之烦恼，也不会有无谓之忧虑。洒脱做人做事，大丈夫能屈能伸，保全自己，才能得到好的修炼，获得崇高的德行。

三十八 诲淫诲盗

诲淫诲盗——《周易·系辞上》："慢藏诲盗，冶容诲淫。"诲，指引诱、教唆。现指引诱人去干盗窃、淫乱的事。

六三

解卦

《系辞》中说的“诲盗”“诲淫”与《周易·解卦》有密切关系。

《解卦·六三》：“负且乘，致寇至，贞吝。”

《象》曰：“负且乘，亦可丑也；自我致戎，又谁咎也。”

子曰：“作易者，其知盗乎？《易》曰：‘负且乘，致寇至。’负也者，小人之事也。乘也者，君子之器也。小人而乘君子之器，盗思夺之矣。上慢下暴，盗思伐之矣。慢藏诲盗，冶容诲淫。《易》曰：‘负且乘，致寇至。’盗之招也。”

上述文字译成白话文，即孔子说：《周易》的作者大概知道盗匪的心理吧？《周易》说，背负重物而乘坐大车，将招致盗匪的劫掠。负重载物本是小人的事务，乘坐的车辆是君子的器具。作为小人而乘坐君子的器具，盗匪当然会思谋夺取。君上轻慢，臣下横暴，盗贼就会打歪主意。财物不收藏好，就是引人为盗，女人过分打扮其容貌就是引人淫乱。《周易》说，背负重荷而身乘大车，必然强寇前来夺取。原来是说盗匪是自己招来的啊！

解卦和《系辞上》所形成的这个成语，对我们来说有如下启发：

其一，做事要量力而行。要正确地估量自己，对自己的能力及所要承担的事情要做到心中有数，只能扛一百，千万不要挑一千。不要好高骛远，追求不属于自己的东西。要脚踏实地去做力所能及的事情，严守自己的本分和职责，这样就一定会吉祥如意，避免或化解祸患。

其二，做人要谨慎低调。不要动不动就露富显财，花枝招展，过分张扬，过分招摇，如不注意将会适得其反。即便主观上想把事情做好，也要充分考虑客观因素，让主观愿望和客观效果尽可能一致，否则其结果也不会好，灾祸必然降临，而且是自己引来的。

有这样一个寓言故事：两只大雁与一只青蛙结成了朋友。秋天来了，大雁要飞回南方，三个朋友舍不得分开。大雁对青蛙说：“要是你能飞上天多好呀，我们可以一起走，再也不分离了。”青蛙灵机一动：它让两只大雁衔住一枝树枝，然后它自己用嘴衔在树枝中间，三个朋友一起飞上了天空。地上的青蛙们羡慕地拍手叫绝。这时有人问：是谁这么聪明？那只青蛙生怕错过了表现自己的机会，于是大声说：“这是我想出来的……”话未说完，它便从空中掉了下来。

其实，不要把自己太当回事，坦诚而平淡地生活，没人把你看成是无能的傻瓜。如果你老把自己当作珍珠，那么就时时有被埋没的危险。

其三，要杜绝诲淫诲盗。当今使用这个成语所指的“淫”与“盗”，已是广义的概念，包含的是所有有违道德价值的坏事。不能为了获取一己私利去做诲淫诲盗的事，引诱或教唆他人去做坏事比自己直接做坏事更加无耻和卑鄙。用高尚的情操和良好的行为去影响他人，才是一个正人君子。

上述这些分析，是在对解卦和《系辞》普遍认识的基础上得出的一些结论，也是古往今来研究分析《周易》时，各种流派学者基本一致的看法。而笔者认为应对“负且乘，致寇至”以及“慢藏诲盗，冶容诲淫”之句做进一步分析修正。因露财而招致偷盗，因打扮漂亮而被非礼欺凌，一味地归咎到平民百姓、良家妇女身上，显然有失公允。加强自身的防范固然很重要，也是必须的，但不能因为我很富有、我很爱美或是一个平民百姓偶然坐了君子的大车，你就起歹心，并且欺负了人家，还振振有词：“是你招引我的，跟我一毛钱关系都没有。”这是彻头彻尾的强盗逻辑。因此，我们在学习研究《周易》时要结合作者的立场和当时的历史背景来分析，不可囫囵吞枣。

三十九 与时俱进

与时俱进——《周易·损卦·益卦·象传》：“与时偕行。”意思是说，变通趋时，把握时机，做出正确的判断和选择。后人把散见于中国古书中的“与时偕行”“与时俱化”“与时俱新”等激励人们的说法概括综合为“与时俱进”。

遁卦

损卦

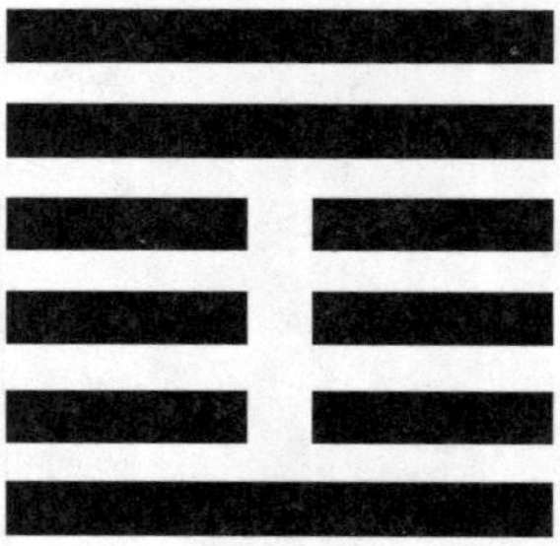

益卦

《周易》在很多阐述中，十分重视对时机的判断，强调居安思危，居安思进，与时俱进。《周易·乾·文言》：“终日乾乾，与时偕行。”《周易·遁卦·象》：“刚当位而应，与时行也。”损卦和益卦互为综卦，有意思的是，当卦形反过来后，已完全变成新的卦，卦的含义也不相同，但损、益两卦，即使卦名、卦形变了，卦象的大部分内容也变了，“与时偕行”的核心意思却一脉相承，毫无变化。这也充分说明变通趋时、把握时机、正确研判的重要性。

“与时俱进”一词，有三点重要启示：

第一，要认清时势。有一个成语叫“审时度势”，强调观察分析时势、评估情况变化的重要性。审时度势的本质是人的意识对物质的反应，这比一般的简单反应层次要高。还有一个词叫“时势造英雄”，是讲时势与英雄的关系。时势能造英雄，但前提是英雄必须先认清时势，顺势而行，顺势而变，才能成就自己的事业，成为一代枭雄。看不清时势，对形势判断不准，就无法做到与时俱进，这就要求我们有分析事物发展规律的能力，有正确选择方法的能力。如果把负能量、反潮流、非主流的当成社会时势或发展规律，那就是一种严重的误判，也不可能与整个社会或团队同向而行。

第二，要跟上形势。要不断地自我调整，使自己的状态始终随着形势的变化而变化，也就是人们常说的与时代合拍，跟上时代的节奏。我们的思想观念、价值取向、思维方式等在社会环境的深刻变化中，能否与时代气息一致，直接影响到能否顺势向前。“与时俱进”的“时”，可以大到整个世界，小到一个具体的事物，不论是“大时”还是“小时”都有趋势和规律，并且在不断变化。要跟上变化，首先自己要变，才能顺时应变，合上时代节拍，与时代共舞。

第三，要善于造势。所谓“造势”，就是说仅仅“认清”“跟上”还不行，还必须发挥主观能动性，不断创新，做时代的“弄潮儿”，与时代同频共振，推动时势向前发展，引领潮流。

齐国贵族田成子带着手下的仆人鸱夷子皮去燕国。田成子穿着华丽的衣服，人长得威风帅气；而仆人子皮穿着破旧的衣服，看起来很寒酸的样子。

快到燕国的时候，子皮跟田成子讲了一个蛇的故事。说在那湖里住着两条蛇，一条是大蛇，另一条是小蛇。有一天，湖水干了，两条蛇要搬家到新的地方去。上路之前，小蛇跟大蛇商量说："大哥你得背着我走。"大蛇说："少来，我不背，我凭什么背你啊？"小蛇说："你背着我能救你的命！"

为什么呢？小蛇分析原因："你看，你如果在前面走，我在后面跟着，咱俩过大路，那周围的人都会说，哎呀蛇过路啊，一定出来打我们，咱俩活不到天黑；可是如果你背着我，咱俩高高地昂起头，缠在一起在路上走，人们一定认为这是神蛇啊，于是咱们不但不会被打，而且很多人还会给咱们让路，这不是好事吗？"

于是大蛇背着小蛇，两条蛇紧紧绕在一起，高高地昂着头从路上经过，所有的路人都认为这是神蛇呀！果然不但没人攻击它们，而且人人都避让，这两条蛇顺利地搬家。

讲完这故事后，子皮跟田成子说："主公看看咱俩的形象，如果你在前面走，我在后边走，人家一定认为咱们是流亡的贵族，肯定不会看得上我们，而且有可能被举报遭陷害。不如这样，咱们学那两条蛇，这行李你背着，我在前面走，你背行李在后面跟着我，那周围的人看到你穿着这么华丽，形象这么威武，而且给我当仆人，大家一定会起疑心，会觉得很奇怪，进而就认为咱们肯定是了不起的高人和贵人。这样，人们不但不会加害我们，而且会对我们尊敬有加。"田成子说："嗯，你说得有道理。"

接下来，子皮就得意扬扬地走在前边，而田成子则背着行李跟在后面装成仆人。果然，路上的人看到都很惊讶，大家都觉得这两个人一定不简单，住旅馆的时候连那旅馆老板都主动敬上了美食。

做事情不光要用力，还要造势、用势。用力只能获得一个人或少数人的心服口服，而用势则能获得很多人的心服口服。无形的势永远比有形的力大很多。

古往今来的成功者，他们都是善于借势、造势和用势的。

四十 改过迁善

改过迁善——《周易·益卦·象》曰：“风雷，益。君子以见善则迁，有过则改。”迁，就也。现释为改正错误，向好的方面转变。

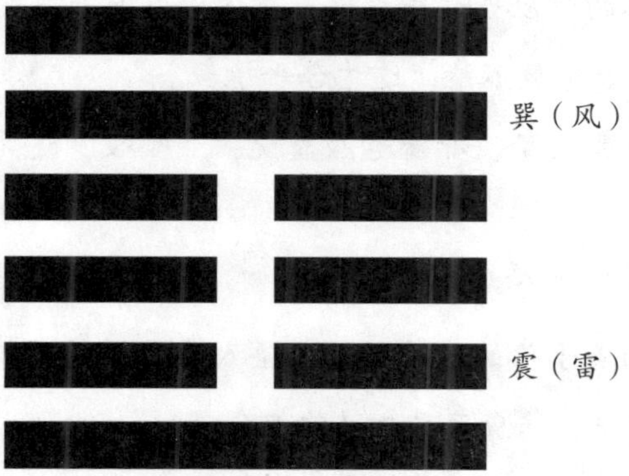

益卦

益卦与损卦是一个综卦。下震上巽为益，颠倒过来变成下泽上艮为损。可以看出，损益之间不得不慎。

“改过迁善”一词给我们以下的启示：

第一，改过迁善是君子应有的品德。常言道：“金无足赤，人无完人。”人一辈子不可能没有过错，关键是能及时改过。《易经》中许多关于君子德行的阐述，其中不乏改过自新、自我完善的警句。《周易·乾》九三：“君子终日乾乾，夕惕若厉，无咎。”《周易·坤·文言》：“君子敬以直内，义以方外，敬义立而德不孤。直方大，不习无不利，则不疑其所行也。”

相传有一天，孔子带领着子路、子贡、颜渊等几个门生外出讲学。师生们来到海州，天空忽然电闪雷鸣，狂风暴雨大作。当地一个老渔翁把他们领进一个山洞避雨。

这山洞面对大海，是老渔翁平常歇脚的地方。孔子看着风雨中的大海，不禁诗兴大发，吟成一联：风吹海水千层浪，雨打沙滩万点坑。

老渔翁听了忙道：“先生，你说的不对呀！难道海浪整头整脑只有千层，沙坑不多不少正好万点？先生你数过吗？”

孔子觉得老渔翁的话有几分道理，便问道：“既然不妥，怎样才合适呢？”

老渔翁不慌不忙地说：“咱生在水边，长在海上，时常唱些渔歌。歌也罢，诗也罢，虽说不必真鱼真虾，字字实在，可也得合情合理，句句传神。依我看，你那两句应当改成这样：风吹海水层层浪，雨打沙滩点点坑。浪层层，坑点点，数也数不清，这才合乎情理。”

子路在一旁火了，冲着老渔翁说：“哎哎，这是诗句。圣人作诗，你怎能乱改！”

孔子喝道：“子路，休得无礼！”

老渔翁拍着子路的肩膀说：“圣人有圣人的见识，但也不见得样样比别人高明。比方说，这鱼怎么打，你们会吗？”

孔子看着老渔翁熟练的打鱼动作，想着他谈海水、改诗句、议“圣人”、责子路的情形，猛然间发觉自己犯了个大错误。于是，把门生招拢在一起，严肃地说：“为师以前对你们讲过‘生而知之’，这句话错啦！大家要记住：知之为知之，不知为不知，是知也！”

君子经过敬重谨慎来弥补思想上的不足，用道义的准则来规范不良的行为。只有每日保持高度的警惕，不断地反省自己，才能具有正直、谦逊、辽阔的德行涵养。

第二，改过需要勇气和胆量。首先要认“过”，就是要勇敢地承认过错。我们周围有的人，认为自己什么都对，认识不到自己的过错。还有一种情况是知道自己有错，但为了维护自己的形象，不愿认错，殊不知这样反而毁了形象。其次要明“过”，就是为什么会犯错。找原因的过程是比较痛苦的，因为要剖析自己，要戳到最痛的地方，没有一点勇气是做不到的。再次是要改“过”。认“过”不容易，改“过”更不简单。能做到低头认错，努力改过，内心要相当强大，这也是真君子的表现，“君子改过，小人饰非”。还有一种人对待自己的过错是改一半留一半，下不了狠心彻底去改，经常原谅自己的过失，这种人不会完全改正自己的错误，到头来害人害己，后悔莫及。

第三，改过迁善是一个长期的过程。人一辈子不可能只犯一次错误，因此，改过迁善必须贯穿人生始终，有过即改，有错即纠。而对犯有严重错误的人来说，彻底改正错误更是一个长期的过程。

晋朝周处，字子隐。周处年轻的时候，力气过人，性情蛮横，常与人斗殴闹事，恶名传遍四邻八乡。

当时，长桥下有条独角蛟，南山有只白额虎，一起危害百姓，因此，人们把它们连周处在内称作“三害”。后来有人劝周处去射虎斩蛟。周处先入南山射杀了白额虎，接着又下长河，搏蛟历时三天三夜。乡亲们都以为他死了，四处相告，拍手相庆。这时，周处居然斩蛟回来了，看到乡亲们庆贺的不是他射虎斩蛟，而是认为他死了，这才知道乡亲们憎恨自己甚至超过虎、蛟，便从此决心悔改。

于是，周处就去找当时有名的学者陆机、陆云两兄弟，并说：“我很想改正自己的错误，可年纪大了，恐怕最终不会有什么成就吧。”陆云回答说：

“古人云：‘朝闻道，夕死可矣。’何况你年纪尚轻，前途还很远大。”

从此以后，周处立志改过，努力求学，最终成为晋朝名臣。元康七年（297年），周处因西征平反叛乱而战死疆场。

周处死后，朝廷追赠他为平西将军，谥号孝。晋惠帝下诏书曰：“周徇师令，身膏齐斧。人之云亡，贞节克举。”以此赞美周处以身殉国的崇高精神。周处为后人树立了一个改过迁善的典范。

四十一 惩忿窒欲

惩忿窒欲——《周易·损卦·象》：“君子以惩忿窒欲。”惩，惩罚。窒，遏止。形容克制愤怒，遏止欲望。

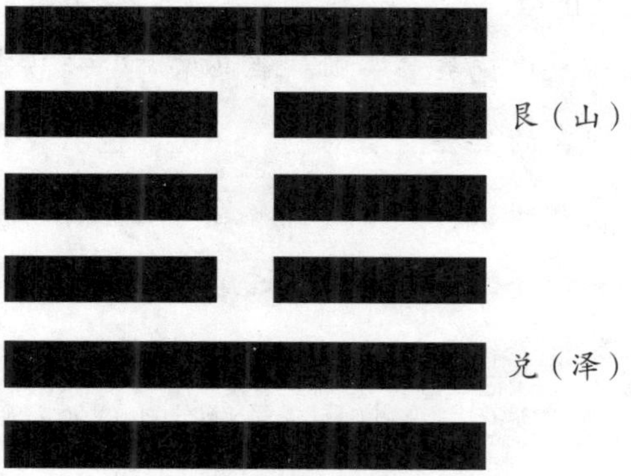

损卦

损卦，上艮下兑，山下有泽。有大水侵蚀山根之象，故卦名曰损。此处的“损”有受损害之义，而更多的是减损之义，通过惩忿窒欲来获取最大的利益。

其一，惩忿窒欲，才能避免失控。君子或君王的情绪对一个社会、一个国家尤为重要。人们在情绪上最容易犯的两个错误：一是愤怒，就是听不进旁人的建议和忠言，不分青红皂白，莫名其妙地生气，无端地对下属训斥，甚至辱骂，整天处于一种怒火中烧的状态。二是欲望，权欲、财欲、色欲等贪欲会慢慢包围你，使你不能轻易自拔，久而久之，把不正常的事当成很自然的事，把贪欲当成应当的享受、应该得到的东西。在这种时候，必须克制自己的不良情绪，堵塞自己的贪欲，这样对国家、对社会、对自己才会有利。

其二，惩忿窒欲，才能提升品行。上面说的情绪，只是在某个时期的一种状态，而品行才德是一个长期修炼的过程。忿与欲是人的本性，所有人不可能越过它，只是当忿与欲来临时，对待、处理它的方式不尽相同。君子对待忿与欲，就要做到惩忿窒欲，最大限度地克制自己的愤怒，极力遏止自己的贪欲。如果能长期坚持下去，则意味着品行才德的修炼已达到一个新的高度。自古以来，人们对品德的推崇可谓不遗余力，从这一点也可以看出修德的重要性，修德方能立人，立人方能立业。先圣把惩忿窒欲作为修身养性的基础，《周易·损卦·象》曰：“君子以惩忿窒欲。”谆谆告诫人们要控制情绪，保持形象，坚守正道。

明代《玉堂丛语》中记载了一则“曹鼎不可”的故事。年轻时任泰和典史的曹鼎，相当于现在的县公安局刑警。一次，他抓获了一名绝色女贼，来不及回县，两人便夜宿一破庙。不料女贼为逃避罪行，屡以色相诱，他就用纸写上“曹鼎不可”四字，贴在墙上。过了一会儿，又揭掉烧毁，一会儿再写，再烧掉，“如是者”十多次。一夜过去，终于“平安无事”。

面对“可餐”的“秀色”，曹鼎不是没有动心的时候，然而终究保住自己的清白，靠的就是“窒欲”、自我控制、自我约束的定力。

其三，惩忿窒欲，才能实现目标。惩忿窒欲出现在损卦中，是有深刻含义的，君子观此卦象，应以泽水侵蚀山脚为戒，克制愤怒，遏止贪欲，最终获益。损卦的含义还有一个重要方面，就是在不得已的情况下，减损一部分自己的利益去追求更大、更多的利益。在这种情况下，就不能斤斤计较，小家子气，生怕吃亏，因为“损”是手段，“益”才是目的。先损己利人，做到诚信为上，回报终归会有的，最后是小损而获大利。通过上述分析，损卦并非不好，“有孚，元吉，无咎，可贞”，意为坚持诚信，就能大吉大利，没有灾难，是称心的卜问。减损部分利益与受到真正的损伤，虽同一个“损”却相去甚远，千万不可望字生义，曲解“损”的真正含义。深入分析“减损”二字，归结起来主要体现在两个方面：一是帮人，损失自己部分的利益去帮助别人；二是利己，减损小利是为了获得大利。

长州尤翁开了三个典当铺。年底某天，忽听门外一片喧闹声，出来一看，是位邻居。站柜台的伙计上前对尤翁说：“他将衣服等物压了钱，今天空手来取，不给，他就破口大骂，有这样不讲理的吗？”那人仍气势汹汹，不肯认输。

尤翁见状，就对他说：“我明白你的意图不过是度过年关，这种小事，值得一争吗？”于是命店员找出典物，共有衣物、蚊帐等，尤翁指着棉袄说：“这衣服抗寒不能少。”又指着道袍说：“这件给你拜年用。其他东西现在不急用，可以留在这儿。”那人拿到两件衣服，无话可说，立刻离去。

当天夜里，那位邻居竟死在别人家里。他的亲属同那家人打了一年多的官司。原来此人因负债多，已服毒，知道尤家富贵，想敲诈一笔钱，结果一无所获，就转移到另外一家。

有人问尤翁，为什么能预先知情而容忍他。尤翁回答说：“凡无理来挑衅的人，一定有原因。如果在小事上不忍耐，那么灾祸立刻就会来了。”人们听了这话很佩服尤翁的见识。

这里需要指出的是，个人正当的渴望和理想不属窒欲的范围，要尽可能去发扬、实现、珍惜，不要随意忽视、压抑它，甚至掐灭它。自己喜欢、擅长的事情，要大胆、勇敢地去做，不要人云亦云、心浮气躁，要做最好的自己。

四十二 结绳而治

结绳而治——《周易·系辞下》：“上古结绳而治，后世圣人易之以书契。百官以治，万民以察。盖取诸夬。”夬（读guài），决断、果决之意。上古时期由于无文字，用结绳为标志来记事，也比喻用最简约的方法治国。

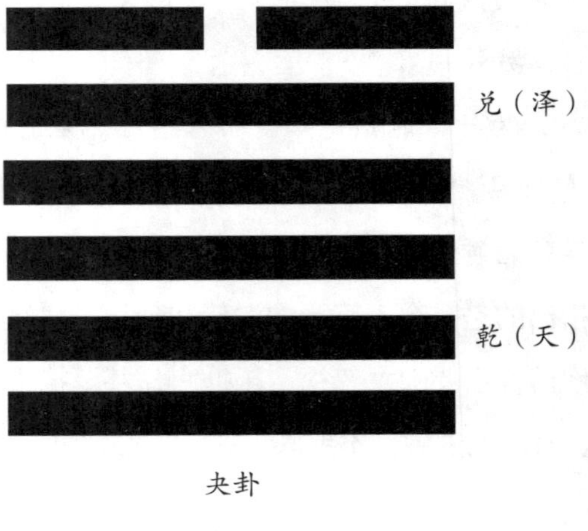

夬卦

夬卦为下乾上兑。乾为金，为刀；兑为小木，为竹。古人将文字用刀刻于竹简或木简上，记载生活实践中的事情，夬卦有用刀刻木竹之象。

看到“结绳而治”这四个字，眼前仿佛出现了一幅上古先民劳作、生活的画面。身披兽皮，手持石器，择洞而居，伴溪而饮，月最原始的工具，进行最原始的劳动，过着最原始的生活。尽管是最原始的，随着社会的进步，在共同劳作和群居生活中，有的事情需要记录，古人就发明了在不同的绳上打结的方法，记录不同事物。

“结绳而治”体现了上古先民的聪明才智。在原始社会，要记录事情的变化，要对数量进行计算，还要储存一些有用的信息，用什么样的方法来解决这些问题呢？在当时，恐怕结绳的方法是最简单、最先进的。

后人对“结绳而治”的理解更深入、更广阔。其一是如果能用结绳而治的方法来治理国家多简单。可以想象这样的社会是多么和谐、安宁、稳定。其二是遇到困难要坚韧不拔，顽强刻苦，即使用最原始的方式也要去争取最后的成功。

中国明末清初著名诗人唐汝询，字仲言。唐汝询出生于书香门第，家庭读书风气很盛。他生下来的时候，长得眉清目秀。受家庭环境的熏陶，他3岁的时候就开始跟着哥哥读书认字。但是，他5岁那年，突然出天花，经过医生抢救，虽然保住了生命，两只眼睛却失去了光明，从此他什么都看不见了。

起初，唐汝询感到非常伤心，觉得这样活着生不如死。经过大人们的不断安抚，过了一段时间，他逐渐安定下来。心想，天下无难事，只怕不立志，只要刻苦学习，就一定能学到知识。于是，他每天摸到书房去，用心听几个哥哥读书吟诗，并把听到的文章和诗歌一字一句地牢牢记在心里。

一个双目失明的人要想记住许多文章和诗歌，自然是十分困难的事。他费尽心机死记硬背，同时也想出了一些办法帮助记忆。他仿照古时候人们使用的结绳记事法，用几根粗细不一的绳子，在上面打上各种各样的结，把整篇文章和诗歌记录下来。有时候，他用刀子在木板上或竹竿上刻出各种各样的刀痕，用来记录文章和诗歌。几个哥哥出去玩耍没人念书给他听的时候，他就摸着绳结和刀痕，大声朗读起来。

唐汝询肯用功，虽然双目失明，读的书却不比几个哥哥少，成绩也不比他们差。后来，他不但读了许多书，而且学着作诗。他作诗的时候，如果有人在身边帮忙，就大声把诗句念出来，叫人帮他写在纸上，如果无人帮忙，就依旧用结绳和刻刀痕的办法把诗记下来，等有人帮忙的时候再把它翻译成文字，请人写在纸上。

由于唐汝询刻苦读书，所以取得了可喜的成绩。他一生写下了上千首好诗，出了好几本诗集，如《编蓬集》《姑蔑集》等。同时，还给一些深奥的唐诗做了注解，终成《唐诗解》。这是他不因双目失明而放弃学习，刻苦自励，克服重重困难而取得的成就。

“上古结绳而治，后世圣人易之以书契”一句还强调了文字起源于结绳记事。“书”，文字，“契”，刻也。我国早期的书是把文字刻在竹简上的。“书契”是已发明了文字的书籍。从结绳记事到易之以书契，具体说明了中华民族是怎样进入文明的，也为灿烂的中华文明奠定了坚实基础，对人类文明的进步做出了巨大贡献。

“结绳而治”还被后人用作一种黑色幽默式原始管理。从前，在昆山有一位叫归庄的人，行为举止不合常理。他家非常贫困，房门破到无法关闭，椅子烂到不可坐人，只好用蒿草绳或蔓藤将它们都捆绑牢固，因此在自家的匾额上书写“结绳而治”四个大字，聊以自嘲。还经常与妻子坐在破屋内饮酒赋诗，自得其乐。有一年除夕，饮酒之后，在自家的门上书写“一枪戳出穷鬼去，双钩搭进富神来”的联句。因为他有许多像这样不合常情的言行，大家都称他为“归痴”。

也许是受“结绳而治”思想的影响，老子最先提出了“无为而治”的思想。老子认为天地万物都是由道化生的。道的规律就是：“人法地，地法天，天法道，道法自然。”可见，道的最根本规律是自然。既然道以自然为本，那么对待事物就应该顺其自然，无为而治，让事物按照自身规律自由发展。当然，“无为而治”不是放任自流，而是按照自然规律办事。

一个“治”字，把“结绳而治”这一成语所要表达的含义非常精炼地展示出来，它已经不是“结绳记事”那样简单、浅显，而是充分体现了管理社会、治理国家的高层次思维。用化繁为简的方法来治国理政，可达到“结绳而治”、事半功倍的效果。乾隆皇帝擅长用简单的方法来处理复杂的国家大事，以茶治国便是其中之一。

乾隆登基之后，碰到第一件棘手之事，就是当时朝野上下都在议论康熙大帝晚年施政失于过宽，包庇一批过去有功的元老巨贪；雍正帝施政失于过严，大开杀戒，令大臣们人人自危。乾隆按照皇家规矩料理完父皇的后事，第一次召集权臣不是为议政，而是在当时中堂大臣张廷玉家中品茶。乾隆亲自动手泡茶分赐给众臣，而后悠然自得地“手把茗盏论宽严”。他以茶道主中和之理告诫在场的亲信大臣：“治国如沏茶，要取中庸之道，太宽太猛都不宜。”他说，“于今形势而言，要想政通人和，创极盛之世，必须以宽纠猛。这和皇阿玛以猛纠宽的道理一样，都是刚柔并济，阴阳相济，因时因地制宜。朕以皇祖之法为法，以皇父之心为心，纵有小人造作非议也在所不惜。”一场君臣品茗会，乾隆借茶道之理，把他治理国家的大政方针讲了个透彻。

四十三 顺天应人

顺天应人——《周易·革卦·彖》曰：“天地革而四时成，汤武革命，顺乎天而应乎人，革之时义大矣哉！”意为顺应天意，合乎民心。

革卦

汤武革命指的是商汤与周武王以武力推翻前朝的革命。中国古代把改朝换代说成是天命的变革，所以称为“革命”，亦被视为顺天意应民心之举。

“顺天应人”一词，对在人生旅途中前行的人们有重要启示：

一是天意不可违。“顺天”的“天”，指的是自然规律，这种规律是不可违背的，它是事物在长期的发展过程中形成的必然趋势。它不可改变，有时显现明朗而有时隐藏不见，有时一目了然而有时扑朔迷离，所以人们更愿意把它叫作“天意”。所谓“天意不可违”的诫训，就是人们对客观规律的认识、遵从和敬畏。

梅里雪山是藏传佛教八大神山之首，藏民对它心存敬畏，认为神山只能看，不能攀。梅里雪山终年云雾缭绕，在云南德钦县，能瞻仰梅里雪山全貌是运气，更是缘，有时苦等数十天也难得一见。1990年年底，中日联合登山队计划登顶，神山连日突降暴雪。1991年1月3日，梅里雪山大雪崩，致使主力队员17人全军覆没，造成中国登山史上最大的山难。在17名勇士纪念碑揭碑仪式当天，漫天鹅毛大雪，天空阴霾，无法看到梅里雪山主峰卡瓦格博峰，这让家属们更加悲痛欲绝。中国登山运动员王建华也在这次雪崩中遇难，其妻子翁彩琼对着云中的雪山大声呼喊：“王建华，我来看你了！”其他家属也跟着呼喊自己亲人的名字。奇迹突然发生了，云雾散开，卡瓦格博峰露了出来，在太阳下金光灿灿，所有亲属激动地大哭。十多分钟后，云雾重新合拢，让在场的人无不惊异。“我们是普通人，也是唯物论者，但是那天突然迸发的美丽让我震惊，更让我感动。”翁彩琼说。自那以后，国家颁布法令，鉴于梅里雪山在藏民心中的地位，禁止攀登。

二是人心不可失。“应人”的“人”，指的是民心所向。古人曰：“得民心者得天下，失民心者失天下。”这是从中国数千年历史总结出来的经验教训。

中国的历史上有位名垂青史的皇帝——康熙。他坐上龙椅不久，便遭遇了关内百姓的强烈反抗，只因为他是满人，而他治下的却大多是汉人。在汉人眼中，他永远是夷人，是外来者。因此，各地的反清斗争不绝，这也成了康熙的一块心病。但是，他从未想过使用武力让汉人臣服。一次，他去长城察看城墙的毁坏情况，面对早已破落的长城，有的大臣认为要加固，以防来袭。康熙却坚定地说："我要修的是百姓心中的长城，这比真正的长城坚固好几倍！"他明白"得民心者得天下"的道理。后来，他多次微服私访，体察民情，用自己的真诚打动无数百姓，终于使百姓臣服，成为一代明君。

三是时机不可误。曾国藩曾说："时未可为，则圣哲亦终无成；时可为，则事半而功倍也。"《革卦·象》："天地革而四时成，汤武革命，顺乎天而应乎人，革之时大矣哉！"这两段话都在讲时机，也就是说你把握住时机，那就既顺了天又应了人。

英国细菌学家费莱明（Alexander Fleming），童年时就爱好探问事情的究竟。一次，他跟母亲去医院探望一位病人，他见到医生就问一连串的问题。医生看他聪明伶俐又非常可爱，便尽可能回答了他提出的问题，最后说道："孩子，人们还没有详细研究过的病症多得很呢。"这句话给费莱明留下了深刻的印象，他暗暗下定决心，长大了要当医学家，专门对付那些还没有详细研究过的病症。费莱明长大后，果然攻读医学，大学毕业后，他进圣玛丽医院从事疫苗的治疗研究。"还没有详细研究过的病症"一直在他脑海中思索着，特别是其中的传染病症，他期望能找到一种杀灭病原菌的方法。他在实验观察中偶然发现青霉素的分泌能杀葡萄球菌。从此人类的传染病症有药可救。费莱明发现青霉素，似乎是非常偶然的，但都是他细心观察的必然结果。

在人的一生中，时机总是会出现的，只要留心就会发现机遇，当然，当机遇来敲门的时候，还在犹豫着该不该起身开门，那它就去敲别人的门了。

四是认命不惧命。对一些不利于自己的偶然事件，人们往往会认为是命运的捉弄，总感到有一只无形的手在操控。面对这些不可知的偶然事件，绝对不能怨天尤人，自叹命苦，最好的办法就是在顺应接受的同时，努力去改变自己的命运。

奥地利著名作家斯蒂芬·茨威格（Stefan Zweig）以自己的亲身经历，睿智地分析了偶然事件和命运的关系。他说："一个人的生活道路原来是由内在因素决定的，看来，我们的道路常常偏离我们的愿望，而且非常莫名其妙和没有道理，但它最终还是会把我们引向我们自己看不见的目标。"

四十四 洗心革面

洗心革面——《周易·革卦·象》曰："君子豹变，小人革面。"《周易·系辞上》："圣人以此洗心。"后多比喻彻底改悔或转变。

革卦

“洗心革面”一词被后人普遍用于形容某人从坏变好，浪子回头，重新做人。但对革卦和《系辞》深入解读与分析，有更多的启示。

其一，君子洗心，须有一颗与民同甘共苦之心。《系辞上》：“圣人以此洗心，退藏于密，吉凶与民同患。”洗除不必要的忧患，退而隐于静密之处，吉也好，凶也好，均与民众共患难、同欢乐。

君子以洗心的方式去掉旧的毛病，以身作则去影响民众，使民众既革面又洗心，那么民众的心思会统一起来，君王的意志能贯彻下去，上下一条心，国家就一定会繁荣富强。

在清朝的雍正年间，碣石山下的昌黎县考中了一个威名远扬的武状元。武状元姓齐，名大勇，字养浩，号凤岩。他起“大勇”这响亮的名，又拟表字为“养浩”，以“凤岩”为名号，这里有一个说法。

齐大勇自幼聪明好学，于书无所不读，一心想在科场上考取功名，为老齐家光宗耀祖。他原来不叫“大勇”，身材也挺魁梧，天生是个习武的料，可家里人都希望他在科场中第，将来当个文官。为此，他从来不轻易伸胳膊撂腿，走起路来斯斯文文，一副书生的样子。

功夫不负有心人，在雍正皇帝登基那年，齐大勇在童试中一路过关，在昌黎县和永平府接连通过县试、府试和院试，考中当时叫“庠生”的秀才。喜讯传来，把齐大勇一家人乐坏了。为了再接再厉，通过乡试考中举人，齐大勇一头扎在碣石山中一个特别僻静的地方，自古称“圣居岩”。传说很早以前，这里是得道高人刻苦修炼、终成正果的山心洞。齐大勇在这里昼夜苦读，学业长进很快。

到了雍正二年（1724年），齐大勇离开埋头苦读之地山心洞，到省城去参加乡试。他考得挺顺利，试卷答得相当不错。只是他万万没有想到，考场有人徇私舞弊，把他和一些考生的好卷子“刷”了下来。

从省城回到家乡，齐大勇心情坏到了极点，撂下行李，一口气就从城里跑进碣石山，钻进了山心洞。他看着自己昼夜舍命读书的地方，泪水大把地流个不停。

天都快黑了，齐大勇没有顺原路回家，而是在山心洞里胡钻乱闯。他想爬上娘娘顶，找个人迹罕至的悬崖峭壁，一跳了之。三爬两爬的，齐大勇来到了洗心岩这个地方。他一到这儿，乱麻麻的心一下子冷静下来，头脑也清醒了一些。他不想再乱闯乱跑，躺在平展的岩石壁面，稳住心，静听山泉从头顶上方的峭壁上飞流而下的清脆声响。

四周万籁无声，山间静谧无比。齐大勇突然觉得自己的整个心神属于这夜幕笼罩下的高山、峭岩、泉流，属于远处苍苍茫茫的大海以及世间的万物。

"圣人以此洗心……"朦朦胧胧间，仰身而卧的齐大勇仿佛听到有人在徐徐言道。这不是《易经》里的一句话吗？莫非"圣人"来了？

"勒铭请缨，昔贤美谈，丈夫报国奚必寸管尺纸……"齐大勇来不及定神，耳畔似乎有人又在自言自语。他腾地跳起身来，四下张望，除了自己的身影之外，周围并无一人。齐大勇疑疑惑惑，在洗心岩上伫身而立，顿觉自己的周身热血沸腾，身躯顶天立地，威武无比。

是呀！勒铭请缨，昔贤美谈，丈夫报国奚必寸管尺纸！我一心从文，科场的路却怎么走也走不顺畅，我何不改学武功，试试另一条道呢！文科的考场极易作弊，而武科的考场都是真刀真枪地比赛，在众目睽睽之下，考官就是想徇私舞弊，也不那么容易……

想着想着，齐大勇搬起一块大石头，举过头顶，使劲儿往山谷里一扔。那块石头一抛出，齐大勇就觉得自己心中的烦恼和杂念一丁点儿也没有了。他长啸一声，像换了一个人似的，挺直身子，甩开膀子，大踏步下了山，回到城里家中。

回到家以后，齐大勇不叫原来那文雅的名，换成了响亮亮的"大勇"；字取养浩然之气，定为"养浩"。他还为自己取了个名号叫"凤岩"。"凤"在古时候不仅指雄性神鸟，还用以比喻有圣德的人。"凤岩"，说的是他在洗心岩上"洗心"时听到的"圣人"之"言"；当然，还暗喻"洗心岩"，或是"圣居岩"。

齐大勇决心弃文就武后，毅然抛笔持械，苦苦练起武功，发誓要练就一身超群武艺，闯一闯武试这个考场。功夫不负有心人，五年后，齐大勇一举考取武庠生，由文秀才变成武秀才。一年后，雍正八年（1730年），齐大勇又考中武状元。

如今，人们为了纪念齐大勇，把他当年刻苦读书的山心洞叫成“状元洞”，在他“洗”过“心”的清泉激石处刻下了“洗心岩”三个大字。

其二，只革面不洗心是表面顺从。“小人革面，顺以从君也。”小人改换新的面貌，是表面上顺从君王，故“君子豹变，小人革面，征凶，居贞吉”。“豹变”，像豹子一样由弱小、丑陋变强大、美丽。虽然形势大好，也只能先在家待着，不能出兵打仗。革卦上六告诫人们：对于只革面不洗心的小人，要格外警惕，不可掉以轻心，因仍存灾祸隐患，要打起精神加倍防范。

其三，只有洗心，浪子才能回头。在现实生活中，经常会发生回头的浪子又转回去了。究其原因，很大程度上是洗心不够彻底。所谓“心”，就是一个人的灵魂、思想、意志、世界观等。所谓“洗心”，就是指挥、引导人行动的核心意识发生根本转变，只有这样，回头的浪子不再回头，完完全全地重新做人，勇往直前。

五胡十六国时代，杀人魔王后赵明帝石勒及后赵武帝石虎兴兵作乱，一时祸乱连连，生灵涂炭。佛界大师佛图澄为了救度众生，千里迢迢从西域来到石勒、石虎的营帐，希望能教化这叔侄俩。

“你们要发发慈悲心，为天下的生灵着想，不要再滥杀无辜。”佛图澄大师义正词严地劝谏。石勒、石虎狡猾地说：“你要我们发慈悲心，我们倒要看看出家人的心地究竟如何慈悲？”佛图澄大师即刻拿起侍兵身上的利刃，把自己的胸膛剖开，露出一颗血红的心，说道：“你们看，我的心慈不慈悲？”

接着，佛图澄大师对着身旁一盆清水念念有词，说也奇怪，那盆平静无痕的清水突然长出一朵洁白的莲花，顿时馨香盈室。佛图澄大师面不改色地把扑扑跳动的心拿给石勒、石虎：“我的心就像这朵净莲一样高洁无染！”

石勒、石虎虽然凶残，但看到一位出家人毫不畏惧地挖出自己的心，不禁大惊失色，不得不感动。他们礼拜佛图澄大师为依止师父，从此对大师的话言听计从，不再滥杀无辜。

四十五 革故鼎新

革故鼎新——《周易·杂卦》："革，去故也；鼎，取新也。"汉代魏伯阳《周易参同契·君臣御政章》："御政之首，鼎新革故。"多指改朝换代或重大变革。现泛指除去旧的，建立新的。

革卦

鼎卦

革卦与鼎卦是一对互综卦，在《杂卦》中也是作为一对来解卦的。

革，即变革。“革”的原意是皮革，兽皮经过加工，制成柔软的皮革，含有改变、变革的意思。

鼎，即鼎立。“鼎”的原意是古代煮东西用的器物，三足两耳，含有鼎立、鼎峙的意思。

变革是宇宙的基本规律。天地变革导致四季形成，社会变革使社会得到进步和发展。所以，变易是易学中的重要范畴之一。变易原意指阴极变阳，阳极变阴。《周易·系辞下》：“易之为书也，……不可为典要，唯变所适。”“道有变动，故曰爻。”“爻也者，效此者也。”“爻也者，效天下之动者也。”爻有阴阳，爻仿效天下各种运动，变易是通过爻的阴阳转化来实现的。变易的思想是《周易》哲学的核心，包含事物从量变到质变的思想，变的过程是事物达到质变之前的渐进过程。

通过对《周易》的分析，要革故鼎新，坚持变革之道，有三个方面的启示：

其一，要因应时变。我们生活在哪种社会环境，由不得自己，需要我们不断顺应社会，适应环境，以求更好地生存和发展。变色龙是最会因应时变的动物，它善于随环境的变化随时改变自己身体的颜色。变色既有利于隐藏自己，又有利于捕捉猎物。斗转星移，潮涨潮落，唯适者生存。何谓适者？适者就是根据实际情况采取与之相适应的措施，不硬碰硬，而以灵动化险为夷。

但是，在社会需要革命、外部环境需要变革时，要及时去顺应时代的潮流，果断变革。一种生物、一个人须随形就势，一个民族、一个国家同样需要审时度势、因应时变。1978年以来中国大地上进行的改革开放，就是一场历经四十年的变革，是一场史无前例的革命，并且还将继续下去。这是一场顺应历史、顺应民心、顺应时代的大变革，我们的国家发生了天翻地覆的巨大变化，综合国力极大增强，城乡面貌日新月异，人民生活蒸蒸日上，国际地位显著提高。

公元前361年，秦孝公即位。年轻的国君决心改变秦国的落后面貌，于是下了一道变法图强的求贤诏令。商鞅就是在这个时候自卫国来到秦国的。

商鞅到秦国后，宣传“强国之术”，决心协助秦孝公进行社会改革，因此得到秦孝公的信任，任命他为左庶长。

公元前356年和公元前350年，在商鞅主持下，秦国两次公布了新法。秦国经过商鞅变法，面貌焕然一新。秦国从落后国家，一跃成为“兵革大强，诸侯畏惧”的强国，出现“家给人足，民勇于公战，怯于私斗，乡邑大治”的局面。

正是由于商鞅变法的作用，秦朝的历史才变得如此辉煌。

其二，要遵循正道。变革虽然是大势所趋，但也要遵循规律，明白正确的方向，绝不能乱变、瞎变。人类历史上有的变革是为了少数人的私利或为了某个利益集团，这些变革最终归于失败。究其原因，就是这些变革不符合社会发展规律，走的是一条歧途。同时，在变革时要正确处理弘扬传统与变革创新的关系，使优秀的传统文化得以传承，不论如何改变，文明不可断代。

其三，要不断变革。一次变革仅是一个过程，不能看作终点，要将它当成下一次变革的起点。历史的变化有一个个周期，或从乱到治，或从治到乱，周而复始。不断变革的频率不尽相同，但要变的规律始终无法改变。在处境好时，要尽可能不让它朝坏的方向转变，要保住好的势头就要防止变坏，而防止变坏的方法仍然是变。变什么呢？就是要及时发现隐患，不断调整自我、完善自我、变革自我，把隐患遏制在萌芽状态。

清朝名臣曾国藩用一句话来形容人生的最佳处境，那就是“花未全开月未圆”。花开全了，紧接着就是凋谢；月亮圆了，紧接着就是亏损。所以，你需要想办法不让花开全，不让月亮特别圆。在现实中，花开到一定程度是要全的，月亮到了十五、十六一定是要圆的。但是人可以通过自己的努力，做到未全开、未尽圆，方法就是在“变”中自我调整，自我完善，使自我始终保持在一个最佳的状态。

在革故鼎新的过程中，要有失败的心理准备，甚至要付出生命代价。要变革创新必然会有大量老观念、旧势力极力阻挠，变革者要有洒热血、抛头颅的牺牲精神，方能实现自己的目标。

1898年，以康有为为首的改良主义者通过光绪皇帝所进行的资产阶级政治改革，是清朝光绪年间一项政治改革运动。主要内容是：学习西方，提倡科学文化，改革政治、教育制度，发展农业、工业、商业等。这次运动遭到以慈禧太后为首的守旧派的强烈反对。结果因这年9月慈禧太后等发动政变，谭嗣同等6人（戊戌六君子）被杀害，历时仅103天的变法失败。变法虽然失败，但吹响了清朝末期政治改革运动的号角，鲜血和生命唤醒了一大批变革的仁人志士。

四十六 羝羊触藩

羝羊触藩——《周易·大壮卦》九三：“羝羊触藩，羸其角。”羝羊，公羊。羸（读léi），缠绕。公羊去触篱笆，角被缠住，比喻进退两难。

大壮卦

大壮卦是一个大阳之卦、利贞之卦。然而，九三爻在强调灾祸之象，这应该是忧患意识始终贯穿《周易》全书之使然。既然出现羝羊触藩的现象，那么我们就要深入地去分析、探究为什么会这样，该怎么办，如何防止它发生，从而对我们有所启示。

出现羝羊触藩的情形，客观上是由于公羊被赶进羊圈，公羊想重新获得自由，这个想法是好的，但结果是进退两难，陷于困境。究其原因：一是有恃无恐。自以为力大角粗，对付几个小小的篱笆桩不在话下。二是过于轻敌。在公羊看来，羊圈是关小绵羊的，我堂堂一头壮羊，还是一头"装备精良"的公羊，认为篱笆不是对手，认为它根本没有抵挡之力。三是急于求成。公羊被关进羊圈的那一刻起，性情急躁，急不可耐，横冲直撞，盲目出击，自取其咎。在现实生活中也有这样的人，他们自认为能力超强，似乎长有三头六臂，根本不去分析所面临的形势，更不愿意看到别人的长处，完全不顾客观情况，不去适应客观环境，以为自己武功高强，打遍天下无敌手，不知道这个世界山外有山，天外有天，过于高估自己的能力，盲目乐观。其结果不仅仅是进退两难，有可能是身败名裂，遭人唾弃。

一旦出现羝羊触藩的状态，要想摆脱困境，避免危险，这八个字就很重要：冷静谋计、耐心待机。

冷静谋计。在陷入困境时，首要的是冷静，要保持头脑清醒，做到遇险不乱、临危不惧。表面上看似无任何动作，而大脑在高速运转，盘算摆脱困境的方法，如果有多个选项，要认真比选，选出一个最正确、最有效的方案。有的人一遇上意外情况就沉不住气，头脑发热，急于求成，乱冲乱撞，毫无章法，结果是碰得头破血流，以失败告终。

耐心待机。在计谋已确定的情况下，耐心等待时机，选择一个最佳的突破节点。要有足够的耐心，忍耐有时也是对意志的一种考验。很多情况下，机会只有一次，你若轻率出手，好不容易等来的机会就将从身边溜走，你将后悔莫及，只好继续在触藩状态下，忍受进退两难的煎熬。

谁也不愿意看到羝羊触藩的情形，要避免它的发生，把握以下要点是关键。

首先，要认清客观形势。搞清楚自己所处的环境，对形势要有一个评估，便于找到突破口。

其次，要认清自身情况。自己的优势、劣势在哪？要有一个正确的判断，绝不轻易去触碰篱笆。

第三，用巧计胜于用蛮力。《周易·大壮卦》九三："小人用壮，君子用罔。" 意为小人捕兽用蛮力，君子则善用巧力。小人才会羝羊触藩，盲目恃强，君子虽强盛而不逞强。

我们可以为公羊设计这么一个情节：公羊自身条件不错，力大角壮，积蓄了相当的能量，在羊圈中根本不去触碰篱笆，该吃就吃，该睡就睡。第二天一大早，主人打开篱笆，将羊放出去吃草，这时公羊使出全身力气，奋力向前，绝尘而去，终获自由。

人的一生总要遇到一些惊险的事情，当遇到意想不到的灾祸时，要临危不惧、沉着冷静，只有这样才能冲出困境。

有这样一个故事：

20世纪80年代，改革开放初期，老赵只身来到离家500多里的大都市闯荡，在繁华路段，租了几间房子干起了快餐店。由于老赵的厨艺精湛，服务周到，生意十分火爆，一晃六年过去，手头便有十多万元积蓄，在当时是一笔巨款。

后来，由于年事已高，老赵便打算告老返乡，安享晚年。那时，银行还没有开通异地存取业务，汇款又恐树大招风，引来不便。于是，老赵想出一个绝妙好办法，将所有积蓄在银行里换成金条，将那辆破旧的永久牌自行车改装一番，把所有金条层层包裹，紧紧地塞进了车架空芯中，自己虽然腰缠万贯，却身着破衣，头戴旧草帽，脚穿解放鞋，骑一辆破单车回家。一路上无人打扰。第二天路过一座小城，时至中午，顺便在一家小饭店里要了几碟小菜，半斤小烧，自行车"漫不经心"地放在了自己身边，饭后，长途的疲乏，加上二两小酒入肚，不禁托腮打了一个盹儿。约莫半个时辰，老赵醒来，差点吓昏倒地，身边这辆自行车不翼而飞。

沉吟片刻，老赵既没声张，也没有报案，而是让饭店老板帮自己在附近租一间房子住下，说自己没有什么特殊的手艺，只会修理自行车，想在这旦开个修理门店。两天后，生意开张，他虽然心事重重，外表却异常从容。他对人热情，凡来这儿换个小零件、补补车胎之类的只收成本费，给自行车充气一概免费。很快，小小门店生意不错。半年过去，经他亲手修过的自行车成百上千，犀利的目光扫过各种牌号的自行车，却迟迟不见他魂牵梦绕的那一辆。

一天老赵接了一辆很破的自行车，看着他很吃力的样子，车主人不假思索地说道："没修理的必要，就卖给收破烂的算了！"说者无意，听者有心。第二天，老赵贴出了一块耀眼的大红招牌，上面赫然写着：高价收购破旧永久牌自行车，每辆最低一百元。消息不胫而走，一传十，十传百，送到这里来的永久牌自行车越来越多。终于有一天，一位中年人推着一辆破旧的永久牌自行车，闯入了老赵的小店，正是老赵日思夜想的那辆。老赵不动声色地用手掂量一番，机智的目光扫到车架焊接处，发现仍完好无损，便毫不犹豫地掏出两张百元大钞。尔后，轻轻地关了店门，卸下车架一看，那晶莹闪光的金条毫毛未损，老赵"扑通"一声瘫坐在地，两行热泪潸然落下。

第二天，小店迟迟不见开门，人们才发觉老赵早已回到家乡与家人团聚，享起了天伦之乐。多年后讲起这个故事，老赵总是说，遇事不惊，临危不乱，沉着、冷静、豁达，是人生永远的财富。

四十七 信及豚鱼

信及豚鱼——《周易·中孚·象》曰："豚鱼，吉，信及豚鱼也。"及，指达到。豚，小猪。对猪、鱼等动物都讲信用，形容极其讲求信用。

中孚卦

中孚之意为诚信、真诚。“孚”原为“孵”，孵卵有固定的日期，不能延误，应该多少天出生就必然在那天破壳。所以，“孚”有守时、守承诺的意思。

诚信是立足之本。诚信讲的是人与人之间的关系，是人在社会中最基本的态度，也是人在社会中能立身的基本标准。诚实守信是中华民族的传统美德，人无信不立，国无信不强。千百年来，人们讲求诚信，推崇诚信，诚信之风早已融入我们民族文化的血液，成为文化基因中不可或缺的重要一环。

秦朝末年，在楚国有一个叫季布的人，性情耿直，为人侠义好助，只要他答应过的事情，无论有多大困难都设法办到，因而受到大家尊重。在楚国人中广泛流传着“得黄金百斤，不如得季布一诺”的谚语。“一诺千金”这个成语也是从这儿来的。

楚汉相争时，季布是项羽的部下，曾几次献策，使刘邦的军队吃了败仗。刘邦当了皇帝后，想起这事，就气恨不已，下令通缉季布。季布被许多人敬慕，大家都在暗中帮助他。不久，季布经过化装逃到山东一家姓朱的人家当佣工，朱家明知他是季布仍收留了他。后来，朱家又到洛阳去找刘邦的老朋友汝阴侯夏侯婴说情，刘邦在夏侯婴的劝说下撤销了对季布的通缉令，还封季布做了郎中。

大事讲诚信，小事也要讲诚信。对小猪、小鱼都讲信用，还有什么事不能讲诚信呢？在诚信的问题上不分大事小事，反而在越小的事上守信誉越能体现出真诚和真心。

曾子，名参，孔子的得意门生。曾子杀猪取信于子的教子故事，在战国广为流传。有一天，曾参的妻子要到集市上去，儿子哭，闹着要跟去。曾妻戏哄儿子说：“你别哭，你在家里等着，妈妈回来杀猪炒肉给你吃。”儿子听说有肉吃，也就不再跟随母亲去了。

曾参的妻子从集市回来，只见曾参拿着绳子在捆猪，旁边还放着一把磨好的尖刀，正准备杀猪呢！曾妻一见就慌了，赶快制止曾参说：“我刚才同孩子说着玩的，并不是真的要杀猪呀！你看你怎么当真了？”曾参语重心长地对妻子说："你要知道孩子是欺骗不得的。孩子小，什么都不懂，只会学父母的样子听父母的教训。今天你要是欺骗孩子，就等于教他说假话，欺骗别人。孩子觉得母亲的话不可靠，以后你再讲什么话，他就不会相信了，对孩子进行教育也就麻烦了。你说这猪该不该杀呀？"

曾妻听了丈夫的一番话，后悔自己不该和孩子开那样的玩笑，更不该欺骗孩子。既然答应杀猪给孩子吃肉，就说到做到，取信于孩子。于是丈夫和妻子一起动手杀猪，给孩子烧了一锅香喷喷的猪肉。儿子一边吃肉，一边向父母投去了信任和感激的目光。

对于戏哄孩子的一句玩笑话，为了教育后代，也为了教育自己，最后践行了诺言，这是大部分人做不到的。一位名人说过：如果一个人能兑现他曾经说过的所有诺言，他一定会成为一位鹤立鸡群般的杰出人物。在中国传统美德中，诚信具有核心地位，古代的圣人先哲早就意识到了这一点。

从中孚卦的卦象看，六爻组成一个符契的形象。古人在订合同时会将内容写在竹板或龟甲上，然后掰成两块，每人一块。当两块竹板或龟甲能够完整地对在一起时，合同才可以生效。符契就是取信的依据，而中孚卦六个爻的排列形象地将一个符契展示在人们的面前。

四十八 原始要终

原始要终——《周易·系辞下》："《易》之为书也，原始要终，以为质也。"后多指探求事物发展的开始和结果。

原始社会

“原”，察也，考察。“始”，开始；“要”，总要，总结，归纳；“终”，完也，最后；“质”，体也，形体。字面最初的意思是，《易经》这部书，考察事物之所始，归纳事物之所终。

“《易》之为书也，原始要终，以为质也。”这是先圣对《易经》研究后得出的结论，明确地指出《易经》就是一部探究事物始末的书。《易经》的诸多原理就是在探究事物始末的过程中形成的，如见微知著、认识摹写、宇宙统一、阴阳交感、生生不息等，从这些原理出发，又形成了阴阳交泰、互补、转化的规律。这些原理和规律又充分展示了《易经》的认识意义和社会功能。

《易经》为我们提供了认识世界的哲学方法论，它认为每一个事物都有初始起源、发展进程、最终结果和基本规律。“原始要终”的方法，具有重要的实践指导意义，经过长期的实践检验，人们逐渐领悟到，在对待事物、处理矛盾、解决问题时要注意追本溯源、追根究底，从而掌握事物发展的规律，把握事物发展的方向。

在研究分析“原始要终”时，还有一些更深刻的含义可以解读。“原始”指从最初开始；“要”，必要，要点；“终”，结果，目标。“原始要终”提示人们，每件事的初始阶段十分重要，甚至将左右或决定最终的结果。

自古以来，人们对“原始”阶段的认识是很深刻的，在长期的实践中总结归纳出许多充满哲理、警示后人的语句，如“睹始知终”“千里之行，始于足下”“千里之堤，溃于蚁穴”“九层之台，起于累土”等。只有重视“原始”，才会有理想结果。事物发展规律是这样，人的成长过程也是如此。“3岁看大，7岁看老”十分形象直观地说明一个人的品行在他很小的时候已经体现出来，并影响甚至决定长大后的人生走向。

1483年，王阳明11岁时在北京的私塾读书。

他一本正经地问老师：“何谓第一等事?”这相当于问，人生的终极价值是什么。

他的老师吃了一惊，从来没有学生问过他这样的问题，况且还是这个年龄段的学生。但他还是很快做出了坚定的回答："当然是读书做大官啊!"

王阳明严肃地看着老师说："我认为不是这样。"顿了顿，一脸郑重地继续说道："我以为第一等事应是读书做圣贤。"

先生听了这话目瞪口呆，没想到小小年纪的王阳明竟有如此远大志向。中国的古人也一向高度强调立志的重要性。

王阳明从小立志做圣贤，后来果然成为圣贤，则为此做出了最好的诠释和证明。

立志为什么重要？因为志向就是意志，就是方向。只有如此，人在有限的时间精力和复杂的现实之下才可能意志坚定、少走弯路，而大大提高完成目标的可能性。从小开始修身养性，注重品行的修养，适当开发智力，就能成为一个高尚的人，一个纯粹的人，一个有道德的人，一个脱离了低级趣味的人，一个有利于人民的人。

大家都知道历史上司马光砸缸救人的故事。他小时候天赋极好，5岁能读《春秋》，7岁知其义，对历史特别喜爱。可他的父母认为还是做官有前途，结果司马光虽然做了官，但完全适应不了，只好回到老家。赋闲生活倒是让司马光终于能重拾儿时的爱好，重新激发了儿时的天赋，让他写出了中国历史上第一部编年体的通史《资治通鉴》。

认识到"原始"的重要性，对孩子的早期教育和启蒙是非常有利的，但要避免走入另一个极端。比如，中国人喜欢给孩子"抓周"，就是在孩子周岁的时候摆上一堆笔、墨、纸、砚、算盘、钱币、书籍等给孩子选择和抓取，希望借此看出孩子的天赋。传统习俗，图个热闹、逗个乐子是可以，但真相信靠"抓周"就能看出孩子的天赋，说不定还会弄出什么悲剧来。

三国时期的孙权称帝之后，太子孙登早亡，他琢磨着要把皇太孙也一起立了。怎么立呢？抓周！他命各皇子把儿子都抱来，让小皇孙们自由抓周。结果好好的一出抓周，最终演变成一桩家门惨案。孩子的"原始"阶段固然很重要，但天赋要靠自然开启，用抓周这种基本靠蒙的办法看出孩子的天赋，真的不靠谱。

四十九 韦编三绝

韦编三绝——《史记·孔子世家》：“孔子晚而喜《易》……读《易》，韦编三绝。”韦，熟牛皮；韦编，用熟牛皮绳把竹简编起来；三，概数，指多次；绝，断。“韦编三绝”是孔子勤读《易》的一则典故。

孔子读《易》

孔子“晚年喜易”，花了很大的精力，反复把《易》读了许多遍，又附注了许多内容，竹简打开又卷上，卷上又打开，读了一遍又一遍，把串联竹简的牛皮带子也磨断了多次。可见孔子读《易》多么勤奋用功。

孔子“韦编三绝”的故事，给人们至少有三点启示：

其一，学无止境。按照我们对孔子的分析了解，他是在60岁左右爱上《易》的，那时他已经是大师级人物，但他还是活到老、学到老，对《易》的学习研究到了爱不释手、乐此不疲的境地。在学习过程中，孔子感叹道：“加我数年，五十以学《易》，可以无大过矣。”可以看出，他是多么渴望学习，感到时间多么宝贵。

孔子对学习有很深刻的论述。有一天，子贡非常恭敬地对孔子说：“老师，学生侍奉您已经很长时间了，自己的才智已经到了头，我对学习已经感到厌倦，再学习下去也不会有什么进步，我想去休息休息。”

孔子就问：“你想到哪里去休息呢？”

子贡说：“我想去侍奉君王。”

孔子说：“侍奉君王是一件很艰难的事情，怎么能说是去休息呢？”

子贡说：“那我去侍奉父母。”

孔子说：“做一个孝子也不是一件容易的事，怎么说是休息呢？”

子贡又说：“那我到家人中去休息。”

孔子说：“妻儿兄弟之间的事情是非常复杂的，要真正做到和睦相处、共同快乐也是很困难的，你能说去休息吗？”

子贡又说：“那我和朋友待在一起得到休息。”

孔子说：“朋友之间要做到互相帮助、彼此宽容、共同进步，也是一件不简单的事，你能够做到吗？”

子贡便说：“那我去种田得到休息。”

孔子说：“种地和其他农活非常辛苦，怎么能得到休息呢？”

子贡懊丧地问：“那我就没有休息的时候了吗？”

孔子说：“合上棺盖，一切都停止了，也不会知道世界的变化，这时你可以休息了。学习是没有止境的，只有等到合上棺盖之时，才可以说是休息。”

其二，坚韧不拔。孔子喜欢上《易》，不是一般地读一读，一般地学一学，而是“喜”和“爱”。我们从“韦编三绝”的典故中可以领略到孔子那种学习的精神，连接竹简的皮条断了又接，接了又断，是多么不容易，但孔子没有被困难吓倒，而是更加勤奋地学《易》，抓紧一切时间进行学习，感叹要是能“加我数年”该多好啊！其实，孔子晚年喜《易》的同时，也在进行《春秋》等巨著的编撰工作，时间是相当紧迫的。就是在这样的情况下，仍然深深地被《易》打动，克服时间紧、年纪大的困难，学而不厌，诲人不倦，执着地把它做好，甚至是做到最好，真正地做到了学懂弄通。

孔子坚韧不拔的学习精神，还体现在很多方面。孔子向襄子（春秋末叶晋国大夫）学琴艺，一连十天都弹同一首曲子。襄子让他换首曲子，孔子说：“我还没有掌握弹琴的技法。”一连三番，孔子都以“没有弄懂曲子的情志，不知道作曲者的为人”为由，继续弹奏同一首曲子。又过了一段时间，孔子终于说：“我知道作曲者的为人了，他皮肤黝黑，个头高挑，目光远大，像个统治四方的王者，除了文王还有谁能这样呢！”襄子深拜孔子说：“我老师曾说过这首琴曲是《文王操》。”世间一切事业、学问、技能、德行等，如果不能专一坚持，就不会有所作为，所以孔子说：“人而无恒，不可以作巫医（即巫师和医生）。”

其三，学有所悟。孔子一生非常注重“学”与“思”的结合，这是他的认识论和教育论方面的重要思想，提出了“学而不思则罔，思而不学则殆”和“温故而知新”等主张。正因为如此，他在学习研究《易》的过程中，创造性地进行了探究和发展。孔子在学《易》中所产生的“悟”，不是一般的悟、浅层次的悟，而是大彻大悟。他和弟子们写出了流芳千古的《易传》，即《十翼》。《易传》通过对《易》旧形式语言的新阐释，说出了新时代对宇宙人生的理性思考，代表了先民哲学把握世界的思维成果。

《易传》的形成对后世研究《周易》产生了巨大的影响，它为后人在学习研究《易》时找到了一个定位，指出了一个方向，以至于后来人们把《易传》融入《周易》之中，变成《易》的一个不可分割的整体。

五十 见仁见智

见仁见智——《周易·系辞上》："仁者见之谓之仁，知者见之谓之知。"后多指对同一问题，各人有不同的看法，各有各的道理。

《系辞传·上》之书

如果要全面理解“仁者见之谓之仁，知者见之谓之知”的含义，还得从《周易·系辞上》整段文字来系统分析。“一阴一阳之谓道。继之者善也，成之者性也。仁者见之谓之仁，知者见之谓之知，百姓日用而不知，故君子之道鲜矣。显诸仁，藏诸用，鼓万物而不与圣人同忧，盛德大业至矣哉！富有之谓大业，日新之谓盛德。生生之谓易，成象之谓乾，效法之谓坤，极数知来之谓占，通变之谓事，阴阳不测之谓神。”不难看出，“仁者见仁，智者见智”的原始意思就是对阴阳之道的观察和理解而得出不同认识。阴阳的相反相生、相互转化是自然界的法则，无论它的存在是否能被感觉到，日常生活中它都无所不在。对事物的看法靠各自对阴阳的理解和悟性来判断。

“阴阳”是《周易》哲学的核心思想。阴阳的对立、消长、转化，即阴消阳长，阳消阴长；阴转化为阳，阳转化为阴的变化规律就是“道”。“阴阳”之道具有极大的普遍性、包容性和可行性，因此，不同的人从不同的角度观察会有不同的理解。这里需要特别指出的是，“不同的理解”是有前提的，就是不能离开阴阳之道的变化规律，在这个基础上才能称其为“仁者”或“智者”，才会出现虽然“各人有不同的看法”但“各有各的道理”的情形。正因为有阴阳之道作为基础和前提，对事物的看法和判断一般来说不存在对错的问题，只是站在不同的角度，说出不同的结论。

自古以来，人们对见仁见智有很深刻的理解，连文学作品也深受它的影响。“横看成岭侧成峰，远近高低各不同。”这是宋代诗人苏轼的诗句。表面上看，是诗人游所见之景。庐山是座丘壑纵横、峰峦起伏的大山。诗人所处的位置不同，看到的景物也各不相同，这两句诗概括而形象地写出了移步换形、千姿万态的庐山风景。然而，诗人想要表达的意思远不在于此。这两句诗有着丰富的内涵，它诠释了“仁者见仁，智者见智”的真正含义，启迪为人处世的一个哲理。一首小诗激起人们无限的回味和深思，同时也是苏轼以哲人的眼光从中得出的真理性认识。

其实，仁与智本身就是阴阳组合，仁为阴，智为阳，它们是可以相互转化的。“横看成岭侧成峰，远近高低各不同。”拿这句诗拆开细分，就会看得更清楚。“横”为阳，“远”为阳，“高”为阳，又均为“智”；

“侧”“近”“低”为阴，均为“仁”。如果改变观察的位置，变换不同的角度，“横”就变成“侧”，“远”就变成“近”，“高”就变成“低”，“仁”就变为“智”。阴阳发生了转化，此消彼长，阴阳的这种变化规律就是“道”。由于阴阳得配，运转不息，宇宙万物才能生生不息，世间万物才能不断向前发展，最终归结到“继之者善也，成之者性也”。

“一千个读者眼里有一千个哈姆雷特。”这句名言十分形象、深刻地反映出人们对一部文学作品的见仁见智。《哈姆雷特》（*Hamlet*）是由大文豪威廉·莎士比亚（William Shakespeare）创作于1599—1602年的一部悲剧作品。不同的人受的教育和知识文化程度不同，对外界事物的感知能力也不同，对事物的看法肯定也大相径庭，所以一千个读者看《哈姆雷特》都会有不同的看法和感受。有的人认为，哈姆雷特是英雄；也有人认为，他是莽夫。这便有了一千个想象中的他的样子。莎士比亚自己总结归纳了一句名言：“一千个读者眼里有一千个哈姆雷特。”由此，我们也加深了对“仁者见仁，智者见智”一词的理解。

对同一件事或文学作品，因角度、立场、喜好不同而有自己的见解，每种见解地位平等，无对错之分。

对于何为智者，何为仁者，《论语》中有较详细的解释：“知者乐水，仁者乐山；知者动，仁者静；知者乐，仁者寿。”

这段话的意思是：“聪慧的人喜爱水，仁义的人喜爱山；聪慧的人懂得变通，仁义的人心境平和。聪慧的人快乐，仁义的人长寿。”

后　记

在多年学习《周易》的过程中，产生了一些想法，有了一些体会和感悟。特别是发现大量汉语成语源于《周易》，它们充满了哲理，饱含着智慧，蕴藏着丰富的《周易》思想精华。于是，萌发了将源于《周易》的成语进行归纳整理分析的想法。

从古至今，对《周易》进行研究探索者不计其数，门派众多，各类专著更是层出不穷，数不胜数。好在研究《周易》与成语者为数不多，成书者更少，给自己增添了极大的信心。准备工作断续用了三年，真正动笔花了近一年，三天打鱼两天晒网，有空就写上几笔，把写作当成一种休闲方式。在学中乐，在乐中写，在写中悟，没有任何压力。慢慢悠悠近一年，想不到竟然有了一本书的模样。

在写作过程中，参考了饶宗颐先生主编的《周易》、刘大钧先生的《周易概论》、陈才俊主编的《周易全集》、陈德述的《周易正本通释》、高永平的《图解易经》、李伯钦的《全本周易》以及网络上的有关文章。

在对《周易》成语探究的过程中，对《经》《传》的理解有了一些新的体会、观点。考虑到此书既要有学术性，又要有可读性，还要有点新思维，这次也将自己的一些见解写入书中。有些属于有感而发，有些是学习中的探索，纯属一家之言，愿与学者和读者共同探讨切磋。

在成书的前前后后得到了多位《周易》研究专家的帮助和指导，也得到了许多朋友的大力支持和鼓励，在这里一并表示最真挚的谢意！特别要感谢一博老师，在我学习《周易》过程中给予启蒙式的重要指导。